大展好書 好書大展

大展好書 好書大展

生活廣場 5

開拓未來的他界科學

天外伺朗／著
陳蒼杰／譯

大展出版社有限公司　出版
品冠文化出版社　經銷

開啟未來的心靈界科學

序言

前著『已知的「他界」科學』成為暢銷書，正著手思考下部作品的架構時，卻發生了奧姆真理教事件。

解開了事件的謎底，才發現較前著更早之前，我所著『向「超能力」與「氣」之謎挑戰』，書中一而再所提出警告的事情終於發生了。

我重新翻閱，發現在那兩本書中，有關「新興宗教的危險性」提出十次以上的呼籲。因為，從「他界科學」的觀點來看，這種陷阱當然可預想得到。

第一個落入陷阱必然是教祖，但結果卻會使多數人遭殃。

本書，首先掌握了該問題點，探索科學與宗教之融合，邁入二十一世紀，齊為人類幸福攜手努力所貢獻之展望。

同時，也論及人類命運的問題，對於命運是否預先就被決定，或能依自己的努力去開拓，針對此疑點，站在「他界科學」的立場來追究。

第一章 是收錄一九九五年五月二十二日尚未產生奧姆教事件衝擊，在東京高輪王子大飯店「自由世界」所進行的演講稿。在約一千名熱情的聽衆支持下，彷彿被附身般，演講熱烈的進行著。此刻切身的感受到，演講的成功與否關鍵在於聽衆。

在本章，首先列舉如奧姆教般，異樣迷信教團之數例，掌握其共通點，論述為何落入陷阱中。本世紀初的深層心理學創始者C．G．容格指摘，倘若錯用冥想中神秘體驗的對應法，就會遭遇嚴重的危險。同時，在禪宗方面，為避免落入陷阱中而制定戒律，考慮種種方法加以防範。

如果，這些智慧能更普及於一般大衆，則今後，會落入陷阱的迷信宗教團體數必會更減少。

總之，因奧姆事件為契機，人們能再一次檢討宗教問題，亦是值得慶幸之事。

我認為在宗教檢討事件中，能支撐其想法最基本的，應為「他界科學」。亦即從最新物理學的量子力學、深層心理學、東方哲學之接點，看新的宇宙模式。

——「他界」並非死後才去之處，而是現存我們人生的大部分，其實我們都是受「他界」所影響而來，但本身卻未能事先預知——。

本章是詳述時間、空間都不存在的「他界」之實態。

第二章 是收錄一九九五年十月，由日本經營合理化協會所主辦，研習會上進行的演講，聽衆則是企業的經營者。

中小企業中，依賴「占卜」而失敗之例不勝枚舉，在此說明其理由。

> ——「占卜」是對一些微不足道之事都能猜中，但對最重要的事、或有危機時、或有關自己利害關係時、或自我本位時等等，則有很大的落差傾向——

依據「他界科學」、或宇宙的構造、或我們本身的構造皆能猜中一些微不足道之事。故猜中無關緊要之事並無意義，但最重要時卻猜不中，就會遭遇嚴重事態。所以，依「占卜」而下定決策的習慣，應立即停止了。

另外，在本章中亦對「命運」、「因果報應法則」等，依過去宗教所闡述，更具體性、深度化的探討。

第三章 是於一九九五年十二月與松原泰道先生所進行的對談。

從佛教的宇宙觀與「他界科學」的比較而開始，進而談論一般極少被提及禪坐中的神秘體驗。以及，在佛教中為何不評論「超能力」等問題，其內容多采多姿。

尤其，聽到表示禪宗修行各步驟的「十牛圖」之解說時，我深深感受到初次接觸大乘佛教本質的真實感。

佛教的真髓，其本質與我們隨意閱讀經本所掌握的義理，較之更深奧。當時，我全身顫慄深受感動，期盼讀者亦能感同身受。

第四章 是我於一九九五年十月所發行『最先端的世界——真實的世界』（船井幸雄編）一書中，我所撰之文章。站在「他界科學」的觀點，論述二十一世紀宗教之展望。

但，其中第⑾項主題——現世利益不能成為最終目的。同時，亦不主張只有教團的信徒才能獲救（擺脫教團的自我主義）——是，與松原泰道先生對談後所追加。這是大乘佛教的本質，同時依「他界科學」思考亦是必然的結論。

第五章　是與船井幸雄先生的對談（一九九五年十二月）。這是一次愉快又內容豐富的談話。但由於話題過於廣泛，因此，循著「由自我主義（ＥＧＯＨ）」轉變為「利他主義（ＥＶＡＨ）」為中心課題，依序重新彙編。

只是如此，其內容已充滿多彩多姿。同時，對此次所割愛部分，期望在別的機會中能介紹給諸位。

仔細思考就能發現，在我們的社會中，或企業界的內部組織營運方面，都是以「自利」為主體，確實令人驚訝！因此，船井先生主張，必須轉化為以「利他（愛、調和、互惠）為基本的社會。

本書所述的「他界」是，與你、我及一切的人、物都融合為一體的世界，所以不可能存在「自利」的現象。

「他界」的基本是以「利他」為主。

因此，所謂「由自利到利他」，正意味著「他界科學」所揭示的方向性。

同時，這也是有史以來宗教所主張之道，包括以對照文化為首的衆多社會運動之主張。雖然如此，人類社會仍以「私欲」、「煩惱」為基本，而依法律與刑罰勉強保持平衡，來營運人類的社會生活。

在「他界科學」正解明宇宙結構的此刻，可以說人類也正面臨一大變革之轉機。

綜觀以上所述，本書是由二次演講稿、二次對談以及一則報導所構成。我自認為整體上的編撰較為有系統且順暢，但為各別追求獨立的情節，故內容上有部分重複出現。有關此點，閱讀時較為繁瑣，敬祈見諒！

天外　伺朗

目錄

第二章　命運能否改變？

——依「他界科學」思考宿命、人生

第三章 科學與宗教能接近程度

——宇宙論、修行、超能力、死亡等問題

◆與松原泰道師之對談

第四章 二十一世紀的宗教及其應有的姿態

——思考與持續敵對、反目的科學融合

第五章 從「EGOH」轉爲「EVAH」

——從競爭對立轉變成協調、愛、互惠的世界

◆與船井幸雄先生的對談

第一章

站在「他界科學」觀點看

——你不僅活於此世，亦存於「他界」

爲何發生奧姆事件——過去迷信宗教所引起的事件

對於奧姆眞理敎事件，大家都感到震驚。事實上，以世界性而言，這類事件並非稀罕之例，相似案例已不勝枚舉。

將我所記憶之例列舉於後，首先是太陽寺院事件。這寺院在加拿大亦設有分院，事件的概要是一九九四年的十月，發生在瑞士太陽寺院裡，有五十位以上的宗敎徒自殺。

一九九三年四月，在美國德州大衛敎分會的人們，爲抵禦FBI的攻擊而抗戰，最後造成八十人以上集體自殺的慘劇。

接著是一九七八年，南美蓋亞那的人民寺院事件。這也是美國迷信宗敎事件，他們逃離美國（從某角度來看，意味被逐出境）到達南美的蓋亞那，造成九百人以上的自殺事件。

另一事件，年長者應記憶猶新，發生在一九六九年的夏蓉·蒂特兇殺案。

正當此時，嬉皮風盛行，到處皆是嬉皮集團，形成生活共同體。東京與橫濱等地，如乞丐般的嬉皮族成群遊蕩，到世界各地旅行皆可見嬉皮族。

當時，包含女藝人夏蓉·蒂特等七人，被生活共同體的領導者所殺。由於如此，嬉

日期	場所（事件）	宗教團體名稱	教祖
1994年10月	瑞士、加拿大（50人以上自殺）	太陽寺院	紐克・休雷
1993年10月	美國德州（80人以上自殺）	大衛教分會	大衛・克雷休
1985年	美國奧勒岡（攜帶武器、殺人未遂、放逐國外）	拉里尼西基金會	拉里尼西
1978年	南美蓋亞那（900人以上自殺）	人民寺院	吉姆・瓊斯
1969年	美國加州（夏蓉、蒂特等七人被殺害）		查爾斯・曼生
1933年	法國普里歐雷		庫魯謝夫

皮族的實態才被揭露於世，而一般社會大衆，對嬉皮族的眞面目才進一步了解。因此，嬉皮族熱潮消退，同時，反主流文化也快速崩潰成爲歷史。

較此事件更早的尙有一九三三年，發生在法國普里歐雷地區，極負盛名的精神界領袖庫嚕謝夫，因強迫生活共同體成員勞動與粗食，而造成多人死亡悲劇。

回溯過去的歷史，從紀元第二世紀以來，種種的記錄不勝枚擧。

前面僅介紹主要的幾件，而自一九六九年至一九九四年瑞士所發生的事件止，綜合全體大、小事件，共計達二十件以上。

卓越領導者「巴古安」的墮落

前面表上未解說的第三項是，一九八五年奧勒岡州的拉里尼西基金會教祖——巴古安·休里·拉吉尼西領導者被放逐事件。

巴古安是一九九〇年一月返回印度後死亡，故未列爲事件。據說與「殺人未遂」有關，但並非巴古安本身犯了殺人未遂罪，而是巴古安的秘書，提供加入沙門氏細菌的食物給敵對者食用。因而遭到逮捕，判決有罪。

之後，他被稱爲「奧修」，且奧修至今仍保有極高的人氣。

包括我的親密友人，及最近到該道場修行的人爲數衆多，目前在日本的信徒約有五千人左右。印度也有設立道場，活動非常活躍。

與我一起共修各種冥想法的某大企業之總經理，他奉勸我去學習這種藉由身體產生大動作，而進入冥想狀態的「奧修活動冥想法」，雖然我未曾去參加學習，但其狀況卻很盛行。

其實，有關巴古安呈現極端兩極化的評價，有人崇拜的稱讚他「非常了不起」，也有人批評他「亂七八糟」。

但，據說巴古安最後擁有凱迪拉克數十輛，如後宮般的美女三十人～五十人服侍，極盡奢侈豪華之生活，開發細菌式武器、儲備武器，彷彿如奧姆眞理教般的行徑，身爲精神界的領導者，其行爲有很多令人質疑。

因此，倘若美國的ＦＢＩ未能事前查出其祕密而防範未然，也許就會造成如今日奧姆眞理教相同的狀況。

其後，他的爲人處事變得古怪，但觀他初期所開發的各種方法論與著作，的確令人感覺是位優秀的指導者，然後在某段期間卻變得怪異。

迷信宗教的領導者，好像都在經歷相同的過程後而變得行爲怪異。接著探討他們轉變之因由。

爲何精神界的領袖會墮落呢？

首先，列舉新興宗教所具有的危險性項目。我曾在數年前的著作中，明確的指摘這些危險性。

——這當然無法證明，但被稱為今日新興宗教的教祖們，多半屬於通靈者或超能力者——
（向『「超能力」與「氣」之謎挑戰』）

——人們因此而被吸引，且集衆而來。單憑口才佳的騙徒，決難以長久維持衆多信徒的狂熱信仰。然而，新興宗教能否眞正帶給信者幸福，或對社會有助益，令人質疑之例頗多。炫耀它的神秘性、給信衆產生強迫觀念、教團或教祖大斂錢財之例不絕於後——
（同書）

其重點爲何？「讓信徒強迫觀念」。例如：告知脫離教團會墮落地獄、或不買此壺會遭遇霉運……。此即是強迫觀念。以強迫觀念爲訴求的新興宗教，大體上都是邪說。此即爲辨別重點之一。

——一種問題點，即現在的超能力者或氣功師，未必皆是人格高潔之士。在奉承阿諛下而產生高慢的人居多數，也有利用其神秘氣氛詐騙信徒錢財的人。在新興宗教的教祖中，存在不少像如此般的騙徒。趁社會性壓抑消失後，自稱為超能力者之騙徒，如

泉湧般出現，多得令人難以忍受——（同書）

超能力與精神性的高潔並不一致

依我所感受，在這近二十年期間，科學仍無法說明超能力之現象，因此，社會性壓抑相對減少。例如：有關超能力或精神世界的談論、思考等問題，在「無條件下被排除」壓抑已減少。壓抑減少，表示擁有各種能力者不斷出現可能發生（此現象以「綿羊與山羊之問題」而著稱。有關此問題容後敘述），當時擁有能力者，究竟將其能力用於「善」或「惡」不得而知。因此，應特別注意此點。

超能力者、氣功師、瑜伽教室、冥想法、呼吸法、氣功法教室的教師們，人格是否高尚，或精神性層次很高，未必然如此。

因此，至這些場所修行，是否「自動化的精神性也會隨之昇華」？的問題就呈現出來。

——但，一般人無法覺知「無意識」、暗在系。故，通常都難以發揮其超能力。因此，當「意識」與「無意識」之界限不明確的人即成為超能力者。但，如佛洛依德所言，「意識」是具備著理性的一面。有時因理性極微弱，無法壓抑超能力，所以才發揮超能力之事例。

亦即，在社會中被認為人格有缺陷、缺乏理性者，往往成為超能力者的條件之一，而造成危險性。或許，在新興宗教的教祖中，具有這種模式者為數不少——

（同書）

「意識」與「無意識」的潛在力量

有關此問題，若沒有詳細解說，可能難以理解。本來人類的意識，分爲「意識」界與「無意識」界二種。其實，在「無意識」中，尚有許多的層次存在，我們在平時自認爲的意識，即此處所言之「意識」。自己能自覺的爲「意識」，「無意識」是自己無法自覺。與潛在意識相同之義。

「無意識」是佛洛依德最早發現。人類的深層心理，存在著連自己亦無法發覺的世界。由於「無意識」界與「意識」界之糾葛，而產生種種問題，有時還引起精神病。不論以何種「意識」水平都難以治療精神病。「無意識」水平沒有轉變，精神病難以治癒。故如何治療，透過各種研究結果，才創立精神分析學。

佛洛伊德認為，「無意識」即動物性欲望之巢。其中，性衝動即是性慾，占極高的百分比，然而受「意識」界的理性所控制。因此，人類才能營運社會生活，他所倡導的理論如上。

雖然如此，但容格卻認為將「無意識」的實體，更深度的探求，則發現在「無意識」的底層，存在著更神聖清純的心。換言之，它意味有更接近神的心存在。

有時理性太薄弱才使超能力得以發揮……

其實，超能力並非「意識」界之能力，而是屬於「無意識」界之能力。社會上所說之超能力，任何人都具有。這可由學問上證實。

美國自一九三〇年代，由耶瑟夫萊因教授進行大規模實驗。但其後約經四十年，至一九六九年實驗報告才被肯定。

由於如此，經過一番大爭論後，如透視能力、預知能力、傳心術、念力的存在，在學問上都能得到證明。不能了解的僅僅是某大學教授（笑聲），學問上的世界已成為一般性常識。

人人皆具有特殊能力，但一般人在構造上，都以「意識」水平壓抑其超能力。

但其形態則因人而異，也有人經過努力修行後，才展現出超能力。我曾至某國家的超能力研究所，發現數位性格怪異者，雖然人格怪異，但具有極突出的超能力。

如佛洛依德所言，「意識」中存有理性，受到理性的壓抑，超能力就無法發揮出。有人因理性薄弱而成超能力者，因此，在這情況中就具有危險性。

——一般言，苦行易產生危險性，實際上，冥想法、呼吸法、坐禪等一般的修行法，方法錯誤也會造成危險。自古以來，因修行不當而成殘廢、或精神病之報告不勝其數。因此，這種東方式的修行法，必須有具資格的指導者，依正確的指導法而進行。在精神方面予以指導，或具有嚴格戒律的傳統性宗教比較安全。

同時，歷經長久歲月淘汰之考驗所研究的指導法，或被考究過的氣功法及瑜伽的傳統方法等，值得推薦。新興宗教中具有危險性的很多。

（向『「超能力」與「氣」之謎挑戰』）

修行中神秘體驗之因，在於腦內麻醉物質所造成

因氣功法而產生的種種障礙，總稱爲「偏差」。至於坐禪方面，例如因幻覺而出現惡魔或鬼的狀態，稱爲「入魔境」。

我的朋友中，也有人經驗過偏差，但偏差狀態並不會導致嚴重後果。有時會出現如自律神經失調般現象，有時也會身體不適。自一九九三年起，經二年以上的觀察，發現產生偏差的人，彷彿會產生才產生，亦即需要產生才產生偏差；輕度偏差本身並無任何危險。然而，實際上卻存有更危險的問題。

三十頁介紹的是腦部切面圖，此處之A_{10}，即A的第十個神經。該神經是支配修行或冥想之鑰的神經。在醫學上稱爲恍惚神經或快樂神經。其他動物也有；但動物的A_{10}神經非常微弱，而人類則非常發達且強而有力。

我們處於興高采烈或快樂時，會造成該神經興奮，而使用迷幻藥也同樣能令此神經興奮。但使用迷幻藥所造成神經的興奮，會引起稱爲「意識擴大」的各種神秘現象。若持續使用神經就會遭受傷害，導致愈來愈鬱悶不樂，終成廢人。

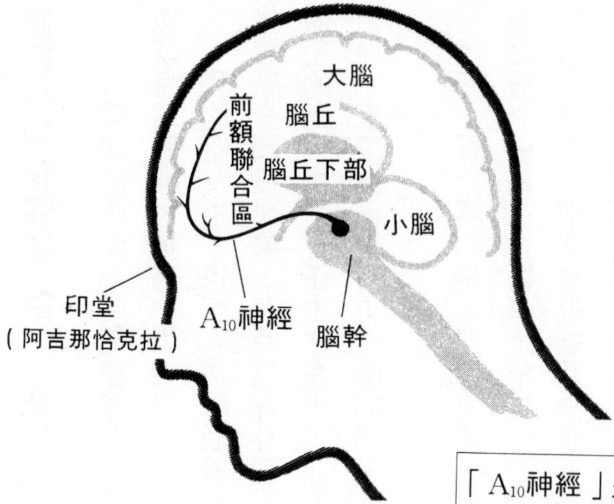

「A_{10}神經」是使人體產生人類特質之神經

由此可知，迷幻藥是極具危險性之物質，在嬉皮時代，尚未充分瞭解其作用，而被廣泛使用，但其後已被研究出具有不良後果。

進行冥想時，腦內麻藥物會分泌於恍惚神經的周圍。目前，腦內麻藥物質已被發現達二十種以上。最初發現是在一九七五年，非久遠前之事。

β內腓肽（類嗎啡因子）是其中極具強力的腦內麻醉物質因而聞名。據說鎮痛作用爲嗎啡的六·五倍。

其實，死亡時也會分泌此物質以緩和痛苦爲目的，所謂「死亡時被認爲臉孔如佛般慈祥」，可能就是因分泌腦內麻醉物質所致。

田徑選手充分發揮體力亦屬分泌此物質所致，而馬拉松選手初跑時感覺疼痛，但至某段期間一切痛苦突然消失，進入恍惚狀態，這都是因分泌腦內麻藥物質之故。

此物質被發現之動機爲何呢?其實在希臘時代，麻醉藥也被大量使用，但麻醉藥有效之因是神經中有接受器，麻醉藥的分子完全被接受器所接受，才產生效用。

從人體生理觀點看，有接受器存在，是因自己能分泌裝入接受器之物質。由於如此，引發許多人進行研究，結果造成激烈的研究競爭，至一九七五年終於發現人類自己能分泌腦內麻藥物質。麻藥是之後不會被分解，所以才造成後遺症，但腦內麻藥物質則完全會被分解，故完全不會造成任何損害。

一般狀態下不會分泌大量物質。例如：死亡時、或馬拉松賽跑痛苦時，才會分泌物質；其外會大量分泌之情況，是進行冥想或坐禪，在修行上有進步才會分泌出。所以會感覺舒暢。

感覺飄飄欲仙，彷彿融入宇宙的懷抱，此即證明有少量腦內麻藥物質分泌的狀態。此狀態更進展，會引起什麼現象?

如前述，會產生魔境現象。有時會出現鬼或惡魔之幻覺，遭遇極端恐怖之境。有時會遇見神、天使、精靈或古聖賢者，這也是同樣的現象。

兩者都是腦內麻藥物質所造成之現象，因而才產生幻覺。

預防修行危險性的智慧

我雖尙未有此經驗，然遭遇此狀態極爲危險，尤其看見地獄狀況只是怖畏而已，並無嚴重性，但沒料到遇見神就危險了。

道元所著『正法眼藏』，記載坐禪時看見各種菩薩或如來，此時應在自己的意念中拿著長矛刺殺祂。

有此現象出現時，絕對不能相信爲眞實。這種場合最危險，其理由如下。

由於分泌腦內麻藥物質，而幻覺遇見神、佛、或耶穌·基督，與祂們進行對談，一般人都信以爲眞。由於經過交談，而解決現實生活上的煩惱。此時，最危險的是自以爲修行上已達到高水準，誤認爲我終於「開悟」了。

某新興宗教教祖也曾說過，達到最終解脫之境地，但這極可能是前述之狀況。出現如此幻覺狀態，閱讀『正法眼藏』就能了解；基督教在亞威拉（Abila）的泰瑞莎修道僧所著『靈魂之城』與各種修行的書中也記載。其共同的指摘是，「產生幻覺，遇見神或惡魔的狀況，意謂修行境界屬於低水平，離『開悟』之境界尙遙遠」。

由於水準尚低，但錯覺已經「開悟」，才是人類最危險之事。

倘若一直處於興奮狀態，有時會造成精神病。事實上，只是腦內麻藥物質所產生的幻覺，應該冷靜，彷彿去觀賞電影般，享受舒適愉快之旅。

> ——新興宗教教祖中，只達到此水準而得意忘形，同時造成精神異常者極為衆多——
>
> （『向「超能力」與「氣」之謎挑戰』）

這並非最近看見奧姆現象才寫之文，而是在一九九三年二月所發行的書中已曾記載。

> ——屬於這類型教祖，的確也擁有一些特異性功能，超能力較常人高，例如用手掌照射作為治療，但信徒可能因而遭遇倒楣之事——
>
> （同書）

對於「人格的擴張」認識不足，而造成奧姆悲劇

接著介紹前述容格所說的言語，這是蘊含極有深度的言語。

——人類的「無意識」經驗，其實極偉大，但會遭遇一種重大危險性。在瑜伽術修行的進展中，會得到各種不可思議之體驗。此時，應避免自己與體驗一體化，而視為人類領域之外的對應，方為明智之舉。假若予以同一化，會陷入人格的擴張，亦會陷入一種出神性的亢奮狀態，而誤入歧途。

所謂人格擴張，意謂輕度發狂，亦即緩和發狂狀態。假若，你亢奮到完全膨脹狀態，就會陷入精神分裂症——（同書）

本世紀初，容格將這些言語已於一九二〇年左右發表。倘若諸位對此問題能更深入的研究，就能了解爲何引起奧姆眞理教事件之原由。靈魂膨脹稱爲inflation，但看電視時，卻沒有人會說靈魂膨脹。由此可見，大家都是用功不足。不論是傳播媒體、或大學教授、或評論家都是用功不足。這的確是極危險的事。

進展爲精神分裂症後，還會引發什麼後果呢？它會產生被害妄想。

由於如此，而妄想自己受到國家的壓抑、國家排斥自己，或彈壓自己信仰的宗教。麻原彰晃也是如此。如前述巴光休里拉吉尼亞，據說他儲備武器是爲與國家權力抗戰之故。認爲國家彈壓宗教之想法，意謂達到被害妄想的可能性極高。因此，需充分留意這想法。

最先端科學愈來愈接近東方叡智

看到有關奧姆之報導，令人產生二個疑問：爲何形成如此瘋狂的集團呢？擁有如此優秀天資的科學家們，爲何會聽從乍見之下即知是異常人的麻原彰晃。

現在談論二個問題之第一個，亦即爲何形成如此瘋狂集團的理由，即可解開迷思。

另一個問題是，科學家們爲何傾向此類宗教。其實，這也是極當然之事，因爲未來科學家與宗教將融合一體。

由於如此，身爲科學家兼具研究精神世界的人們愈來愈多。這並非最近才開始之傾向。

本世紀初，物理學方面出現了稱爲量子力學的新學問。這是繼愛因斯坦的一般相對性理論之後才出現，如今在學術界普及化。其實，這是波爾、休雷丁格、海森堡等量子力學創始者們，追求科學終極之結果，發覺愈來愈接近東方哲學之事實，同時也波及傳統的科學界。因此，優秀的年輕科學家們著迷於宗教，是因他們過於純眞、敏感之故。

與其說科學與宗教融合，毋寧說科學靠近東方哲家更恰當。

自伽俐略被宗教所壓抑後，宗教與科學間的爭鬥即開始，雖然科學獲勝，但今日的科學反而愈來愈接近東方哲學，故今後的宗教部門，若無大的轉變，即無法使二者眞正的融合。

宗教與科學的融合

一九七〇年代被稱爲新科學的科學潮流中，發現了許多新的事。例如：在佛教界所說色即是空的「空」，其內容究竟如何，已經有更廣泛的了解。但歷經二十多年後的今日，各種訊息仍未傳入佛教界。

這表示尚存有重大的障礙。新科學系的暢銷書，世界各地都有出售。因此，這些內容的資訊已普遍傳出，但經遇二十年佛教界或宗教界卻仍未傳入。這世界已如此開明，資訊自由流通，但經二十年期間，如此重要訊息仍不能傳入佛教界，足見其障礙深厚。

令人覺得他們的眼光只看過去不見未來，所以，我開始思考如何催破障礙的方法。

我觀察佛教界的情況才發覺，最開明的是稱爲「南無會」的組織，這個團體不受宗派所拘，展現各種活動，包括基督教等佛教以外之宗教也都開放門戶。所以在寫那本（『已知的「他界」科學』）時，我想邀請南無會的會長松原泰道先生爲本書寫推薦文。但，最初我亦極擔心。因為佛教界過去所說「空」的解釋，與我書中所解釋的「空」全然相違。

所以我擔心遭對方拒絕。但我不僅獲得熱情的推薦文，並且說了一句令人感動的話。

我聽到負責編輯者說，當松原先生看到校樣階段的本書時，說這是本「恩書」。人有恩人，書也有恩書。當時，松原先生八十六歲，但他說：「沒料到在此年紀還會遇到這恩書。」這句話對我產生極大的衝擊。

之後，我的人生散發出光芒。雖只是一句話，卻使人的人生發出光芒，這實在非簡單之事。

總之，我的感受是只解釋「空」，不知實踐佛教的教義更形重要。

不論如何，由於松原先生能接受新科學潮流，令我感受已突破二十年來的障礙，而獲得新科學浸透佛教界之動機（參照第三章與松原先生之對談）。

如今我也期盼對基督教世界，能傳達新科學思想，但尚未找到線索。同時，如松原先生般擁有開闊心胸的領導者，在日本基督教的指導層中是否存在呢？

同時，我也希望透過活動，使我殘餘的人生對宗教與科學的融合有所貢獻。

為使二者眞正融合，宗教也必須作極大改變。只是執著於教義，認爲教祖或指導者所言應絕對服從，如此般閉鎖性的宗教不可能融合。

這容後再詳述，但宗教所主張最本質的問題，以人類語言無法記述，卻可依新科學而了解其原理。然，若認爲無法言語記述，而沈默不語，就無法傳達眞髓。

因此，如使用言語或使用象徵性表現法，努力表達本來用言語無法記述之內容，拚命努力之結果，就形成了教義、教典或教祖的言語。因此，若執著於這些言語而變得古板、閉鎖性，則與宗教的本質背道而馳。

持續維持宗教的閉鎖性，就難與科學融合。爲迎向下一世紀，這些問題成爲人類重大之課題。

由於奧姆事件，社會的眼光正注目著宗教的形態，但應思考二十一世紀宗教如何改變，才是人類重要課題之一（參照第四章）。

或許有很多人已知道，法國作家安德烈．馬爾羅曾說：「二十一世紀可能再度成爲精神性時代，否則它將不能存在。」所謂「不能存在下去」是暗示，假使人類沒有回復精神性，就會因核武戰爭而毀滅地球。

我認爲人類不會因核子戰爭而滅亡，也不會引起世界大戰，但確信如他所言，二十一世紀確實會成爲精神時代。

另外，大腦生理學家卡爾布里・普蘭，如此說。

——過去的科學與宗教所主張人類的精神性層面互不相融，但如今面臨重大轉機。至二十一世紀科學與宗教將被視為同一領域而被研究。故，對我們的一切生活層面有重大影響——

與宗教融合的科學和以往的科學概念有些差異。我以「他界科學」「今世科學」之稱呼加以區別。

——牛頓之後所發展的近代科學，即「今世科學」，對人類的物質文明發展有貢獻；而新科學所追求「他界科學」，對人類幸福有直接貢獻——

（『已知到的「他界」』科學）

從「今世科學」進展到「他界科學」

人類社會經常存在社會規範。

中世紀的社會規範爲宗教，然而宗教與科學之爭，科學獲勝，故今日科學性、合理性成爲社會規範。我們所理解一般的科學性合理性，只不過是「今世科學」的合理性；與此相對，今後社會的規範，將從以往「今世科學」，轉化爲本書所寫「他界科學」。

——總之，科學、宗教對人類的進化都有助益，以實現終究的人類社會為共同目的——

（同書）

爲理解此道理，我才寫前著『已知的「他界」科學』一書。

佛教中有句「色即是空」，不能解釋爲色情之道是虛無的（笑聲）。我就讀中學時，曾認爲是此意，但大家都了解『般若心經』中所謂色，意指有形態，亦即「今世」。

另一方面「空」的解釋非常困難。有關「空」的闡釋，一休、道元、白隱等和尚都有記載；當今佛教界也經常談論「空」之問題，但以我的智慧尙不能了解佛教界所說的道理。「空」的代表性解釋有三種。

其一是，「心的作用不受任何事物所拘束」。

另一種是「無常觀」。例如：櫻花開了，不久即凋謝。有形事物遲早會消失。事物與形態經常轉變，事物是經常變化流轉的無常觀。

第三種解釋是，我們人類或萬物皆如此，非獨自成立，是彼此相互依存而成立，即「相互依存」的概念。

但前面所敘述是屬於新科學派，在二十年前，有關「空」概念所提出嶄新之假設。不僅心的掌握方面，或物質的掌握方式，儼然以物理性存在「空」的假設。

下面簡單說明新科學方面，如何理解「空」的進展。

提倡新科學的大衛波姆

大衛波姆是提倡新科學的著名物理學家。

但很遺憾，他於一九九二年逝世，享年八十五歲。他曾在普林斯頓大學與愛因斯坦一起研究。

在前著（『已知的「他界」』科學）中，曾詳述狩獵女巫。可謂宗教與科學之爭，狩獵女巫成爲一種轉捩期。各位或許認爲狩獵女巫只有在中世紀時代才發生，實則最近仍存有狩獵女巫之活動。

列舉一例，美國於一九五〇年所吹熄「麥卡錫旋風」即是。所謂凊共（開除赤色分子）事件，因受「共產黨」之嫌疑而遭檢舉者很多，勉強找出證據剝奪其社會地位，或判刑牢獄。

在電影界，著名的卓別林被放逐事件，仍記憶猶新。而當時亦有數位物理學家被檢舉。其一者爲從事原子彈開發的歐本海默。有關該事件，大衛波姆認爲以「社會性正義不可原諒」提出抗議。因此波姆喪失了美國學者的地位，流亡英國。

像波姆這般正義感強烈的學者，曾進行「空」的解釋。但並非以教祖性、神秘性的方式解釋，而以物理學性嚴格地加以闡釋。

——宇宙是雙重構造，在我們所熟知的背後，尚有物質性的宇宙存在，及「另一種眼睛看不見的宇宙」存在——

（大衛波姆『全體性與內藏秩序』）

波姆將「另一種眼睛看不見的宇宙」稱爲「暗在系（implicate・order）」。意謂「眼睛看不見的秩序」。

與此相對，「眼睛能見之物質性宇宙」稱爲「明在系（explicate・order）」。與佛教的宇宙觀比照，「明在系」與「色」對應，「暗在系」與「空」對應。稱爲「明在系」、「暗在系」較難理解，故我以通俗的名稱喚爲「今世」「他界」。

——「他界」為暗在系，「他界」是「集合性無意識」。「他界」並非人死亡後之去處，實則存於今世人類活動的大部分，都在「他界」裡營運——

（『已知的「他界」科學』）

這是多麼驚人的資訊，但這也是事實。有關「集合性意識」容後說明。

各位確信「自己的生存是依自己的身體」，這是錯誤的概念。其實，各位的人生，大部分是在「他界」所運作。

他界並非「死亡後之去處」

有關「今世」與「他界」成爲表裡一體之問題，是從科學立場看，佛教、印度教也都如此主張。乃至各宗教之主張都相同。

「他界」並非死亡後之去處。

此刻各位當然都是生活在「今世」，但在這瞬間，我們生活的活動，其實大部分都在「他界」中運作，只不過自己沒有意識到。有句話說冰山之一角，意謂冰山只是海上露出的一部分，海的下方隱藏著其大部分。因此，鐵達尼號才會撞沈海底，其實人類或動物及一切物質，在「今世」所見僅其一小部分而已，然眼睛看不見處，有稱爲本體的巨大世界存在。

在此反覆提示「他界」並非死亡後之去處。其實各位已存在於「他界」中。但很遺憾的是自己未能洞察。爲何不能發現？因彼世界是「無意識」世界，所以自己看不見。但自己所生存的各項事物，其大部分是由彼岸「暗在系」方面運作。因此，才發生傳心術與透視等各種現象。

——在「暗在系」（他界）裡，「明在系」（今世）的一切物質、精神、時間、空間等，全部被摺疊不可分離——（大衛波姆『全體性與內藏秩序』、（　）內是作者）

這是波姆所說的，但在此應注意的問題是，「一切物質、一切的精神、意念、時間、空間全都被摺疊」時的「被摺疊」這句話。

「被摺疊」這句話，英文爲convolution 迴旋之意。對學過高等數學的人說明較易明瞭，而對一般人說明其概念較難懂。

爲了說明其概念，大衛波姆提出了雷射攝影術。

雷射攝影術之原理是，以雷射光照射某種物體，將其反射光與原來的雷射光之干擾紋記錄於軟片上，然後再以雷射光照於軟片上，就可看見立體像。

這在漫畫或科幻小說中已是極熟悉的現象，迪士尼樂園的魔鬼屋出現動感的魔鬼立體像，此即雷射攝影術之應用。也許各位所持有的信用卡，也是使用彩虹雷射攝影術軟片。

其特色是，不論軟片任何細小部分都能記錄立體像全體。所以，將軟片切半時，整體上會稍微模糊，卻無損立體像的任何部位，依然仍看見全體。再切割爲十分之一或百分之一，不論任何細小碎片，都能完整記錄物體的全體像。

總之，部分即全體，全體爲部分。故波姆利用雷射攝影術說明「他界」之模式。

由於如此，才被稱爲「雷射攝影術宇宙模式」，然其重點非雷射攝影術，而是「部分即全體，全體爲部分」之概念，此即所謂的摺疊，以數學術語稱爲「正交變換」或「積分變換」。我認爲以雷射攝影術方式表達易遭受誤解，未必然成爲「他界」實體的適當例，所以今後仍以「正交變換」方式表達。

將電視與電波喻爲「今世」與「他界」之關係

爲了說明他界，我認爲下列所述是最好的例子。

相信諸位每天都看電視，現將電視的畫面喻爲「今世」。實際上電視畫面爲二度空間，假設有三度空間，此即稱爲「今世」。爲了製作畫面，電視台透過攝影機攝像，然後經由天線播出。故能形成分布於廣大空間的電磁界。再由家庭的天線接受該電磁界，做各種信號處理。出現於電視的畫面。

接著，假設神表示電視台分布於空間的電磁界。這與「他界」的狀態極相近。在空間產生電磁界。然後以天線接受信息而在畫面上描繪出來。

這究竟是何意？第一「他界」雖然眼睛看不見，但實際卻存在；與電磁界雖是眼睛看不見，但也實存同理。

第二是，沒有電磁界即無畫像之存在。總之，電磁界與畫面是完全相對應。

第三是，「今世」中的人物或物體全部被摺疊於電磁界。下列插圖是電視演員持花之狀態，該演員雖存於畫面中，但被詢問究竟相當於電磁界的哪部位？卻無法回答。現將該演員之節目以全國網路播送，意謂演員無論在房內、屋外、同屋層圈、在廣大空間到處分布。所以無論敲打任何部分，該演員都不會感到疼痛。

電視的電波會整片擴散，故分布於廣大空間電磁界的全體中，畫面中的一切人與物，亦即「今世」的一切物體全部被摺疊，此即摺疊原理。因此，在我們身旁亦有各種

⊙眼睛看不見的「他界」實際存在。
⊙如果沒有電磁界（他界），畫像（今世）不可能存在（正確的對應）。
⊙畫像（今世）中的人物或物體，全體被摺疊於電磁界。

摺疊現象，但僅考慮這事項不易了解。

我們再度整理「他界」與「今世」之關係。

現在我們所處的周圍中有各種物體存在，有肉體也有物質，但並非此即完結的形態，而存在著與此相當的「他界」，分布於全宇宙。

遍布於全宇宙之情形，意謂「正交變換」或「被摺疊」形態。

在「今世」，我與你是不同的人。所穿著之衣服與自己是不同物體；所閱讀之書亦是不同之物體。太陽屬於天體；土星、仙女座也是屬於天體。在空中飛行的飛機亦是不同的物體。但在「他界」，全部被摺疊；我與你無區別、你與狗也無區別；與桌子、石頭也都無區別。

此即「他界」最大特色。雖然不易理解，但這是以某種程度數學上嚴格性進行定義。

故意謂「今世」任何微小點，都能反映「他界」的一切。則，反面亦眞「他界的任何微小點，也都能反映今世的一切」，但這尚不能言明。

「他界」沒有空間，這點令人難過。由於沒有空間，所以也沒有點。但「今世」有空間，故也有點。由此而定論「今世」的任何微小之一點，都能反映「他界」的一切。

此即正交變換＝摺疊原理。

沒有「他界」卽無「今世」存在

「他界」與「今世」究竟何者為基本？我認為「他界」才是基本。

為何如此說呢？以前面所舉電視之例，無電磁界存在即無畫像出現；電磁界消失畫像就不存在了。

無「他界」即無「今世」之存在。所謂「今世」即是「他界」之投影，所以「他界」消失，「今世」也就消失。

倘若未開化的人看見電視，不可能理解畫像是由電磁界所形成。未必是未開化的人，即使是舊時代的人也不見得能了解。各位都了解電視的結構，但假想自己是舊時代的人，就能想像這道理不易理解與不可思議。

但由另一角度思考，現今的我們與看見電視而驚訝的未開化者無異。只知「今世」卻完全不了解「他界」。但「他界」確實存在。

與波姆使用雷射攝影術相較，我所比喻之例較接近「他界」之實體。除此之外，亦必須理解另一種難懂之現象。

「他界」無過去、現在、未來之區別

此即有關時間的摺疊概念。

電磁界是隨著時間而移動。這以測定就能了解它隨時間而變動之情形。與隨時間變動的電磁波對應，畫面亦隨時間而變動。因此，以時間觀點而言，電磁界的變化與畫面的變化相對應。

但依大衛波姆所主張的模式，在「他界」時間也被摺疊。這種概念，一般人很難理解。對於時間被摺疊之現象，很難相像其概念。但我們身為科學家，因此時間被摺疊之概念經常應用。

實際上，不以這種思考方式為前提，則各位普遍所聽的CD即無法被開發。這究竟怎麼回事?這例子稍微難懂，但簡單說明如下。

「時間的摺疊」與聲音的變換

這是有關我的專門聲音的部分，假定有五秒鐘的聲音。

五秒其實很長，可以說「各位早安，我是天外伺朗」。我說話時就發出音波，至於

將5秒鐘的聲音波形變換爲周波數波譜

周波數波譜是「時間」會消滅

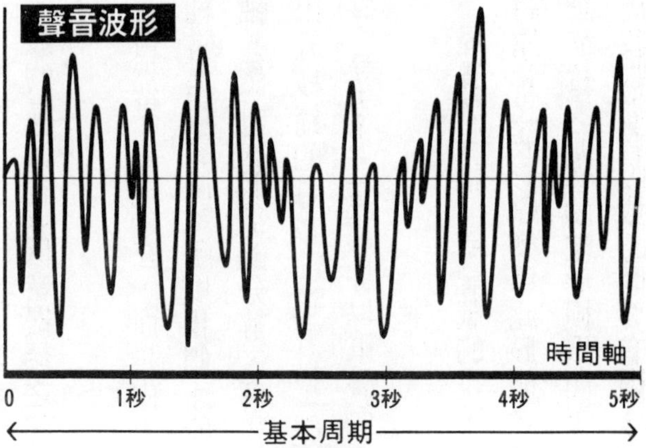

假設基本週期爲 5 秒的波形持續反覆，
將其波形表現爲多數周波數成分之和式。

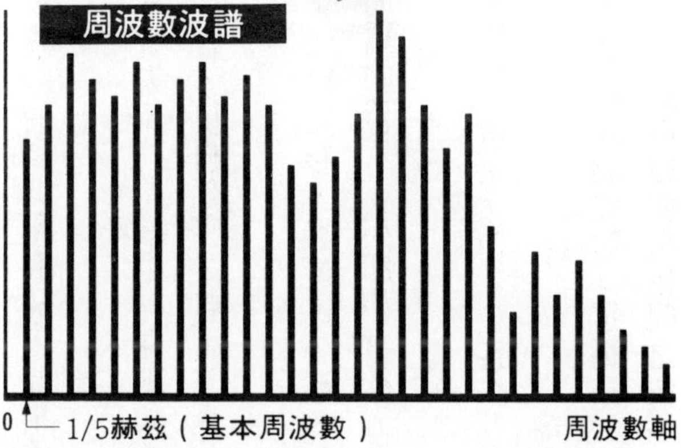

這五秒的波形如五十一頁上圖。

所謂音波即音壓的時間性波動。所以透過播音器，然後用示波器觀察就能看見如上之圖面。這是依傅里葉變換手法轉換周波數軸，而形成之圖。

不論如小笛般的高低，或低音提琴之聲音，這是因周波數的高低所形成。此稱爲周波數軸。

周波數軸在自然界並不存在，而是由人類所揑造。其實人類的頭腦中存在著如此般的分析機，而經常進行變換。所以我們才能辨認高音、低音，但自然界之音並無周波數軸，只有時間軸。然而我們卻能分解、解析高、低音。

例如：發出五秒鐘的聲音，這五秒鐘的聲音，不論何種波形，都可以Sinx、Sin2x、Sin3x、Sin4x等……之波形加以重疊而表現出。最簡單的Sinx，亦即相當於五分之一赫茲。

所以下方「周波數波譜」所記載的是，分解聲音的波形時，表示Sinx、Sin2x、Sin3x多少的狀況。將原音之波形變換爲此形態之周波數軸。

周波數波譜欲合成原音的波形極爲簡單，且能顯現出完全相同的波形。這稱爲「標準化定理」，但周波數需有限或時間要有限才行，依理論性證明能重現完全相同之波形。將上方時間軸上音的波形正交變換在周波數軸上，即所謂周波數波譜，兩者完全相同。

現假設五秒鐘，基本波爲五分之一赫茲，此即意謂一赫茲中，有五條波譜。

則，基本波、第二高調波、第三高調波……等，究竟呈現幾條？例如：周波數的上限爲二十千赫，即二萬的五倍，所以約呈現十萬條。約呈現十萬條，就能表現與CD同高傳眞度音質五秒鐘的聲音。

有了這些資訊，就能重現與原音波形完全相同的波形。其實這並不困難。各位現在所使用的普通電腦，就能簡單計算。首先將該波形收錄於硬碟上，然後依市售之軟體，以傅里葉變換手法計算周波數波譜。現假設已了解周波數波譜，以逆向計算，就能重現與原來完全相同的波形。此即逆傅里葉變換。傅里葉變換與逆傅里葉變換，以數學性觀點言屬於「正交變換」之一種。

正交變換表示「他界」與「今世」之關係

在此之重點是，以波形的情況而言，是順時間而變化，但周波數波譜卻無時間觀念。只擁有周波數而已。

亦即，在此時間軸被變換爲周波數軸。換言之，在周波數波譜中，「時間被摺疊」。

例如：從開始發出聲一秒後之值，在時間軸上有對應點。此一秒後之值與周波數波譜的哪一點對應，即無法回答。其實並無固定對應點。

只能說全部，亦即被摺疊於全部的周波數波譜中。此一秒後之值與周波數波譜的一切有關連。未將周波數波譜的一切予以積分，即無法計算時間軸上一秒後之值。

這是要理解「他界」構造的一種線索。

也許這道理難懂，但在技術界中則屬初步性的原理而已。正交變換的形態有數種，能如此變換的函數已被確定，此即稱爲正交函數。其種類繁多有如星星般，其中Sin、Cosin等正弦波函數，是其代表性之一例。

「今世」與「他界」之關係，產生正交變換現象，不容置疑，前面所說明的雷射攝影術亦是正交變換之一種。

故，在「他界」裡，空間被摺疊、物體被摺疊、時間也被摺疊。其實，連精神也被摺疊。有關精神被摺疊，容後說明。

因此，「他界」並無時間存在之概念成立。所以，能到「他界」收取資訊，也就能預知未來。

「他界」無老死、「業」之存在

沒有時間很難想像，但在超越時間的「他界」裡，亦無老、死是明確之事實。這是必然的現象。年老會死亡只是發生在「今世」，「他界」即無此現象。

由此可了解「他界」並非死亡後才去之道理。「他界」隨時陪伴我們。「不生不滅」「不增不滅」。

這在『般若心經』中有明白闡示。年老或死亡是「今世」之現象，僅是小小問題。你可知人初生時，最初所穿著爲何物？其實非嬰兒服尿布，而是我們的肉體。我們「今世」初生所穿著肉體，至肉體老化，脫掉軀體，僅僅是如此而已。

然而，最重要的是在「他界」，原因與結果不能區別，因果律本身亦不能成立。因爲沒有時間，此即爲當然之事。由於時間有連續性，才有原因與結果之存在。假定時間不存在，原因與結果就無法區別。

既然如此，我們就可下結論，含前世、今生、來世綿綿相續的輪迴轉生之每個人生，在「他界」一切都被重疊。亦即，「他界」之定義是，超越因果報應與前世之業而存在。

前世與來世能依時間尺度分離，被正交變換爲「今世」時才能存在。因果報應與前世之業（Karma）亦如此。我認爲業之法則只是人類自己決定所約束事（參照第二章）。因此，才決定到「他界」去，則這一切皆不存在，只有到「今世」來時法則才存在。在「他界」業能否保持，其實已不存在，而以別的形態保持。直至正交變換爲「今世」時，才再度譯出。

以宗教教義所言，大體上都是正確的，但前世、來世全部都包含於一個世界之情形，則是新科學初次做明確主張。

在「他界」裡，「今世」的邏輯一切不適用。由於無時間亦無空間，所以我們的常識一切行不通。本來，語言是依常識而成立，所以我們現在所使用「今世」的言語不可能記述「他界」之事。

我雖勉強想用言語表現「他界」，但這原本就不可能做到。無法用言語表現「他界」，其實在學術上已被明確化。

一個電子同時可通過一百個洞穴？

我們的常識或言語只適用於極狹小的領域，這事實一般人可能無法相信。也許各位深感意外，不要刻意到「他界」去，只在「今世」，使尺寸變小，言語已不能溝通。

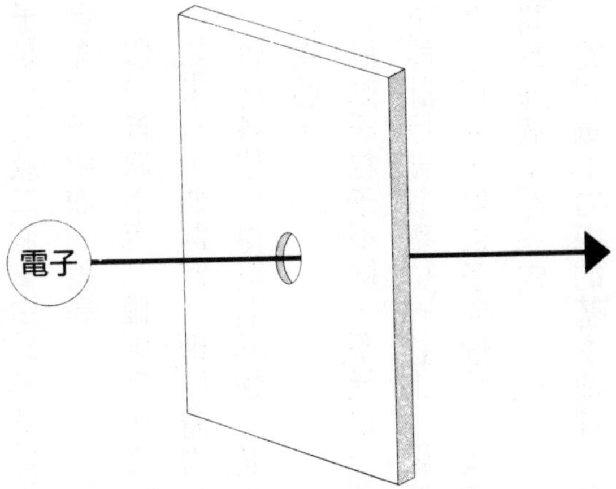

一個電子能同時通過複數的洞穴

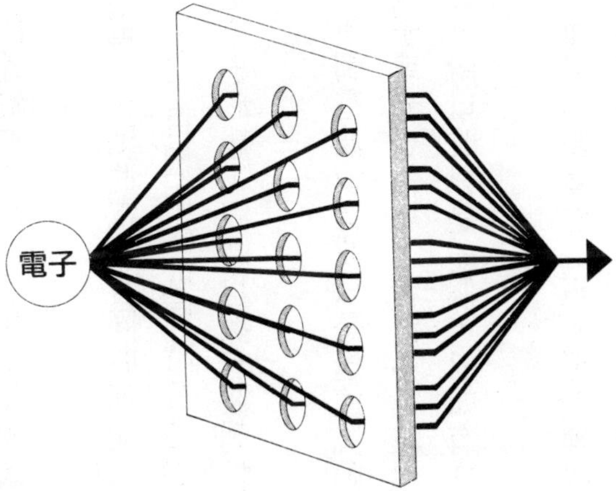

相信各位曾在學校中學過電子概念。例如：在原子核的周圍有一個電子圍繞著氫，有二個電子圍繞氦。如此般能計算出電子是一個或二個，由於其個數不同，所以原子的性質亦不同。例如：氫會爆炸，但氦不會爆炸等明顯的差異。

假設屏風上有二個洞穴，從此端發射出一個電子，則此電子會同時通過二個洞穴。如果有十個洞穴，則同時會通過十個洞穴；有一百個洞穴就同時能通過一百個洞穴。也許各位覺得莫名其妙，其實，電子不僅是粒子形態，同時也擁有波動性質的不可思議物體。

波動與粒子不同，不能以一個、二個計數。所謂電波或音波只是迅速流動狀態，普通不能計標幾個單位（註——嚴格說進入空氣粒子或光子領域，音波與電波也須考慮粒子之性質），但電子兼備粒子與波動雙方之性質，所以雖只是一個，但如有許多洞穴就能同時通過全部洞穴。

此即量子力學的基本前提，對理工系出身者而言乃極當然之事。專攻理學或工學之學生，大致上於大學一年或二年就會學習。未充分了解基本大前提，各種研究開發完全不能進展，但以我們現在所使用的言語無法表現。雖然無法以言語表現，使用數學則能表現。所以，我們才依該數學式了解其原理。

雖只有一個，但一也能變成十個或一百個。雖然是粒子，卻也有波動。亦即，在以一切物質為構成要素之一的電子水平下，我們「今世」的語言或邏輯完全行不通。

廣義而言，數學也是一種言語。宇宙現象中，有依我們常識適用的領域，亦即使用英語、日語等普通的言語能定義而表現的領域，然而稍微寬廣的領域，則是以數學表現。只能用數學才能表現之領域，依我們的常識已不適用。

言語無法記述之世界

但在「他界」即使用數學也無法表現。能以數學式證明卻無法以數學表現。由於數學也是「今世」的言語，因此「今世」的言語即無法表現。

我們科學家清楚了解，用普通的國語、英語等言語能表現之領域，以及語言不能表現，而數學都能表現之領域。

所謂無法以數學表現之領域，對學技術系的人、理科系的人就能了解其狀態。但屬於文科系的人就無法理解。

請參照第六十一頁的圖版。縱軸上有刻度。

中央附近寫「1」表示1公分，最上面寫10的28次方。現在，我們所生存的宇宙直徑，據推測約一五〇億光年，用數學表示即10的28次方。

所以，在其外側，亦即更廣大的世界，任誰也不了解。

但在下方氫原子的直徑爲10的負8次方、質子與中子的直徑爲10的負13次方，但在最下方，10的負33次方浦朗克之下的世界無人知曉。

因爲能使用我們的語言而表現，僅限於10的負8次方之程度。其以下之尺寸，依我們的常識完全不適用。如前述電子般，已發現各種無法想像之情況，所以我們的常識全然不適用。但其以下之領域，數學尚可適用，可稱爲量子力學、物理理論而表現。

因此，電子能同時通過三個洞穴，可以數學式正確記述，但其界限僅限於10的負33次方，較此更小之世界，則數學完全不能使用。

數學也是言語之一種，故10的負33次方，勉強在人類記述的界限。但自10的負33次浦朗克標度以下之尺寸，時間、空間都無法定義。

最近，依「超鞋帶理論」等，才發現這問題很奧妙。因較此微小的世界「無法記述」，意謂我們所學習的數學全部不能用，故問題極爲嚴重。

爲何會如此呢?本來微積分是將空間切割爲非常微小，然後將「切割爲微小的空

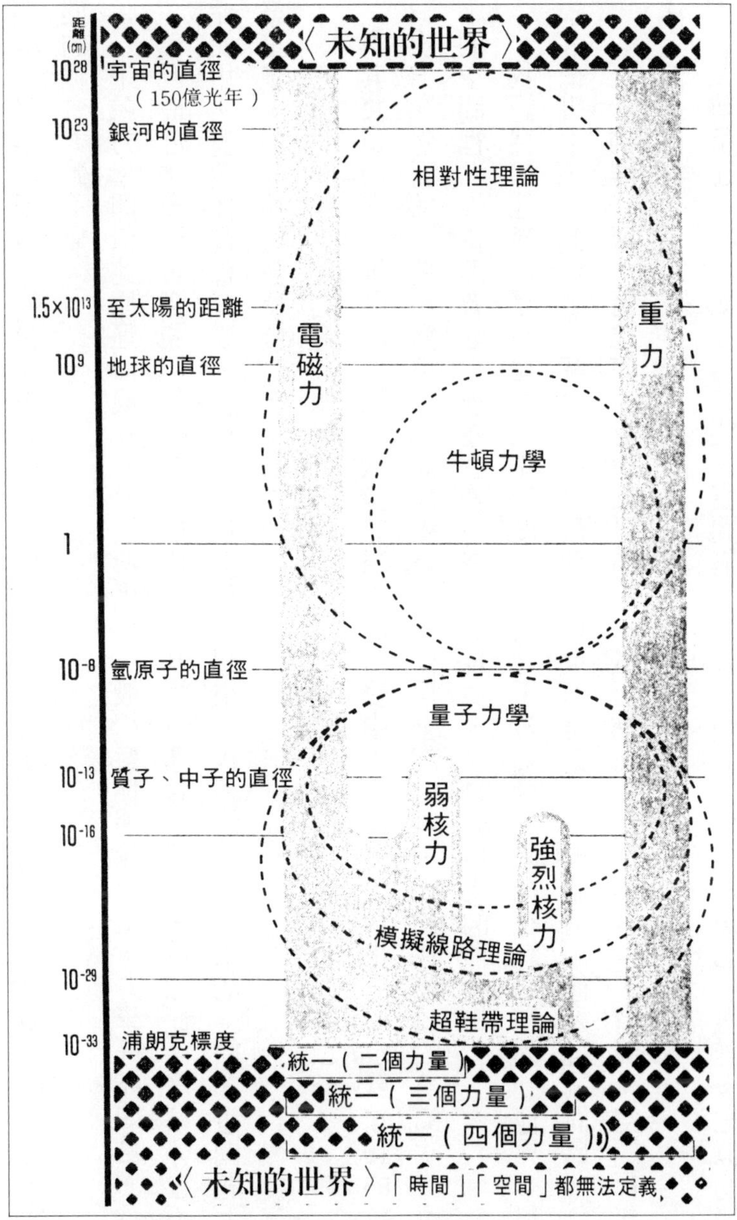
距離(cm)
〈未知的世界〉
10^{28} 宇宙的直徑
（150億光年）
10^{23} 銀河的直徑
相對性理論
1.5×10^{13} 至太陽的距離
電磁力
重力
10^{9} 地球的直徑
牛頓力學
1
10^{-8} 氫原子的直徑
量子力學
10^{-13} 質子、中子的直徑
弱核力
10^{-16}
強烈核力
模擬線路理論
10^{-29}
超鞋帶理論
10^{-33} 浦朗克標度
統一（二個力量）
統一（三個力量）
統一（四個力量）
〈未知的世界〉「時間」「空間」都無法定義

間」，又累計很多，回復原來的空間即根本原理。假定不論切割至多麼微小的單位，空間的性質本體不變。

牛頓力學即依此原理而成立，愛因斯坦的一般相對性理論、量子力學等亦如是。但最近才發現將空間切割至微小單位時，其性質即轉變了。由於如此，微積分也不能使用。既然性質會轉變，就意謂重新全部加起來，也不能回復原來的空間。這問題太嚴重了，因此往往數學幾乎無用武之地。

有關此問題，著名的數學家賓羅斯，提出新理論——加捻器（Twister）理論。其實這尚在幼稚階段，現在依據數學正欲轉變中。加捻器理論也只能定義在10的負33次方。然而並不使用微積分，而以差分形態作為全部定義，因此在比10的負33次方更小的空間裡，性質即會變化或產生許多奇妙的現象，才是合理化的理論。

我認為「他界」是在比浦朗克標度更小尺寸下被摺疊。因此在『已知的「他界」科學』一書中，以此為中心解說。這是依各種角度而推定，並無確信，僅是推論而已。

至於物理學家，將比浦朗克標度更小的領域，稱為「迷你黑洞」，時間、空間都無法定義之世界。

如前所述，在「他界」時間、空間無法定義，因此與「迷你黑洞」有許多相似的情形。

一切的宗教只是說明唯一的眞理＝「他界」而已嗎？

在這世界中存在著各種宗教，乍看下主張的教義有異。然依我推測，其差異是因勉強採用不適合記述「他界」之「今世」言語所產生。

例如：一神教與多神教之爭議。如一神教之基督教、猶太教，與多神教之佛教、印度教等之爭議，議論多神教太奇怪了。他們認爲假如有神只是一位存在而已，可能有很多嗎？假定有很多神，則祂們的能力相同嗎？或不相等呢？假若不相等，那麼力量弱的就不是神了，假如相等則實在太奇怪了，如此之議論，二千年來延續不斷。

但如前所述，在電子界一個電子能同時通過一百個洞穴。何況在「他界」一個與多數無區別。「他界」就是如此之世界，一個與衆多相等，並無任何矛盾。

這也表示，依「今世」之理論爭議一神教與多神教之差異是多麼愚痴。不僅如此，過去二千年、二千五百年間，在佛教界激烈的爭論不斷，乃至基督教本身也有爭論。我覺得過去的一切宗教爭論，完全無意義。

不僅爭論而已，宗教與宗教間的戰爭，或互相殘殺的愚昧行爲，人類反覆地進行，這太無意義了。

總之，我們已了解「他界」，是邏輯、言語、常識不能通用之世界，所以欲依「今世」之言語，使用「今世」之邏輯議論並無意義。因此，坦白說欲以邏輯談論「他界」無效。

「他界」意謂超越邏輯，這道理必須了解，所以應將邏輯置之度外。

所謂禪問答，我們雖不懂其內涵。但所謂禪問答，可能是將追求理論上整合性的邏輯思考回路排除之「結構」。將「今世」的邏輯排除，才能看見眞實。由於「今世」的語言是以「今世」的邏輯形成，因此或許言語也應排除。

精神也是屬於能力之一

——物質、精神都是以能量形態摺疊於暗在系——（大衛・波姆）

物質即能量是愛因斯坦所言。$E = MC_{20}$ M是物質的質量、C是光速。愛因斯坦發現，任何物質都是能量，依此理論爲基礎而製造原子彈。

原子彈是極微小之物質，卻能產生莫大能量。由於物質直接轉變爲能量，所以產生火藥爆炸，無法比較的大能量。氫彈亦相同。

一切物質皆有能量，波姆主張不僅物質如此，精神、意念也都是能量，我希望沒有人依這個理論，而去製作精神炸彈等……。

如果有「我要害人」的想法，而在某處就引起爆炸，情況就很嚴重了（笑聲）。

至於波姆亦有如下說法。

——在暗在系中，可能有「意識之場」存在。加以反映就形成物質、身體、明在系——

此話可能令人難解。首先，在此說明何謂「場」？這是屬於基子世界之問題，分為形成物質的費米子（Fermion），與形成場的玻色子（Boson）二種類的基子。

場的形成意謂，例如形成重力場。本來地球是屬於一種重力場。由稱為地球之重力場所形成，因此物體會掉落。即形成稱為重力與能量所支配之場。

至於電磁界即稱為電磁場。雖然眼睛看不見，但有形成一種場。波姆主張「意識之場」即與此相同性質。

仔細思考就了解，意識即連接物質世界與精神世界。例如，我的身旁有持匕首欲刺殺我的敵人來。稱爲敵人即是一種意識。因此，我會分泌腎上腺防衛。

接著，我的身旁來了一位情人，此時身心陶醉。身體的反應隨著情人意識與敵人意識而異。總之，在物質世界產生變化。

所謂意識，一般是在言語的世界使用。然而，其實是連接物質世界與精神世界的一種概念。形成物質世界與精神世界概念的場，因它的存在意識才被變換，而形成「今世」的物質或生物身體之意識。

「意識之場」形成宇宙

我對波姆主張的「意識之場」，做更詳細探討。

有關夸克或基子之問題，所謂基子，經常從「暗在系」發生，而出現於「明在系」。從「暗在系」中突然出現基子。但「暗在系」之「空」，意謂任何皆無之狀態。但從暗在系中，如電子與陽電子會成對飛出。

在普通狀態下，基子立即會消滅。至於電子與陽電子結合，就形成光又回到暗在系。因此基子不斷的進出。

以我們人類的眼光看，首先看見身體，再看見衣服，一般彷彿都如此。我們再以微觀性看每一粒基子，就了解並非本來就有稱爲衣服的物質存在，只是基子在暗在系出入。假定基子從暗在系出來，卻沒有任何用途時，可能會說「沒有事就回去了」（笑聲）。這說法是否落伍了呢（笑聲）。總之是無秩序狀態。例如，交通尖峰時擁擠的群衆般，漫無秩序的走來走去。所以，並不會形成任何物質。

但若出現發號司令者，依指令往前進，基子就會如軍隊般向前行動。故物質就突然出現。至於號令者是誰呢？波姆主張即「意識之場」。

例如，有天外伺朗與天外伺朗人類之場存在，由其場發出號令。由於發出號令，才有身體存在，也能從事各種活動。其存在的根據即「意識之場」。

聖經的約翰福音書的開頭有如下之表現。

> ——太初有道，道與神同在，道就是神。這道太初與神同在。萬物是藉著他造的，凡被造的，沒有一樣不是藉著他造的。生命在他裡頭，這生命就是人的光——
>
> （『新約翰聖經』）

在此所說的道，可能與「意識之場」完全相同。

我們現在所看的聖經，已譯爲我們的話「道」，其實聖經的原典是希臘語的口語體所寫。因羅馬時代初期形成使用希臘語的社會，所以聖經的原典使用希臘語的口語體所書寫的共同語。看其原典被譯爲「道」的原文爲「Logos」。

Logos有道之意識、理論之意識，也有意識之意識。所以回溯到原文思考，波姆所主張與聖經所記載，其原意是一致。

以此角度看，對佛教、基督教、印度教更深度解讀，就發現所言實在奧秘。將宇宙的形成，很銳利的記述。

例如「太初有道」，表示盤古開天之意，其實不僅是創造天地，以科學爲背景而言，瞬間瞬間我們的身體與物體、「今世」不斷被創造。所謂瞬間瞬間被創造，是因其背後有「意識之場」，或如剛才所提Logos存在，順從「意識之場」而形成物體、身體、「今世」等。

另外，在佛教方面亦提到相同之意，將瞬間瞬間所創造時間間隔，稱爲「剎那」。有句話「剎那性」的表現法，至於佛教則將短間隔稱爲剎那。

因此，將佛教、基督教更深度解讀，就發現其所表達的與最先端科學之假設完全一致。

但是太遺憾了，社會的宗教家多半受「今世」的邏輯所污染，無法眞正解讀佛教教典的內容，或聖經眞正的內涵。由於庸俗的神學家與佛教學者依「今世」的邏輯，進行各種低次元的解釋，所以信徒們被污染了。

若能深度解讀，則佛教的教典、聖經，及印度教的吠陀也都記載著奧祕的內容。此「意識之場」之例即其中之一例。

雖然我並未深入研究聖經，但我覺得，發現比一般基督徒更深入的解釋，期待今後的人生更有樂趣。

各位是否已了解，在此所說的言語與前面所說「依『今世』的言語無法表現『他界』情形」時的言語，是全然不同。依「今世」的言語，絕對無法表現「他界」的情形，這即我們現在所使用的言語。

國語、英語、或數學皆如此。但在此所提意謂Logos之語言，是創造「今世」之源。反之，「今世」被正交變換，在他界成何種形態，即在此所說之道「意識之場」，亦即Logos。

在「今世」本身被正交變換，此即Logos，亦即「他界之道」。因此，相信各位已清楚了解，「今世的言語」與「他界之言語」，在概念上完全不同。

「他界」之道的痕跡

由於如此，我思考「他界」之道的痕跡，是否殘留於「今世」呢？結果發現——由於奧姆眞理教事件，致使「嗡」這言語變成很污染，然而嗡在印度教被視爲神聖之音，即聖音。深度冥想後，不久就會聽到「嗡」之音。

空海在四國的洞窟開「悟」，據說開「悟」時，將「虛空藏菩薩求聞持法」曼陀羅（咒語）於一週內持續唱誦數百萬次。其咒中亦出現「嗡」之言語。空海記述開悟時的狀況，說「不惜響徹山谷，明星來叡」。

意謂與釋迦佛相同七日七夜唱誦曼陀羅冥想，而看見耀眼的光。然後聽到轟隆之聲，其實那聲音即嗡。

我曾觀賞龍村仁所作『地球交響曲』之電影，在其記錄影片，提到傑克麥約爾所作潛水記錄之話。

麥約爾由於演出『Grand·Blue』，因此識其人者不少，他說：「在海底，潛至光照射不到之深度，不久即可聽到聲音，那聲音籠罩著我，其聲音即嗡。」

據說太空人步出太空梭漫步於宇宙，突然間感覺到自己被嗡聲所圍繞。因此，嗡雖受奧姆眞理教事件所染污，但並非他們所發明，一旦進入深度冥想就能感受嗡音的存在。其證據，即嗡音在世界中到處都使用。

例如基督教使用阿門，嗡與阿門發音相似。其實阿門是將相同的音以不同的文字表記。

其實阿門之說不僅在基督教而已，在古埃及時代，即被用於神的名字。阿門即是神的名字。

至於穆罕默德也被稱爲阿明，日本神道亦即古神道所寫天書「AMe」即神之所在。另外，神社佛閣必有獅子、石獅，或護法神，一邊是開口狀，另一邊爲閉口。開口之一方稱爲阿，閉口稱爲吽，亦即被稱爲阿吽呼吸之狀態，表示「阿」音與「吽」音間含攝全宇宙。這也與嗡音相似。

因此，嗡與阿門、阿吽，可能是某種相同的一個音而已，據推測與「他界之言語」有密切關係。

由於奧姆眞理教事件之故，嗡音在各位的意識裡視爲污染，此點頗令人遺憾。其實嗡是強烈的曼陀羅，具有強烈意義之音。但很遺憾，至今在冥想中我仍未聽聞此音。我以爲「啊，聽到了」，結果是空調機的聲音（笑聲）。

DNA是連接「他界」與「今世」的言語

另一種類似「他界」之語言，就是DNA（參照左圖）。

我認爲DNA是連接「他界」與「今世」言語體系之一例。DNA意謂核酸，華特生與克列克於一九五三年，發現核酸形狀爲雙重螺旋構造；於一九六二年獲得諾貝爾生理醫學獎，但直至最近其研究才更進展。另外，生物基因形成之密碼，是一九六一年尼倫堡所發現。

其實，我們的身體，最初是由稱爲受精卵的單一細胞開始分裂。然後不斷反覆細胞分裂，有些細胞成爲皮膚，有些變成毛髮、水晶體，或牙齒、骨頭、血液等之假合，分

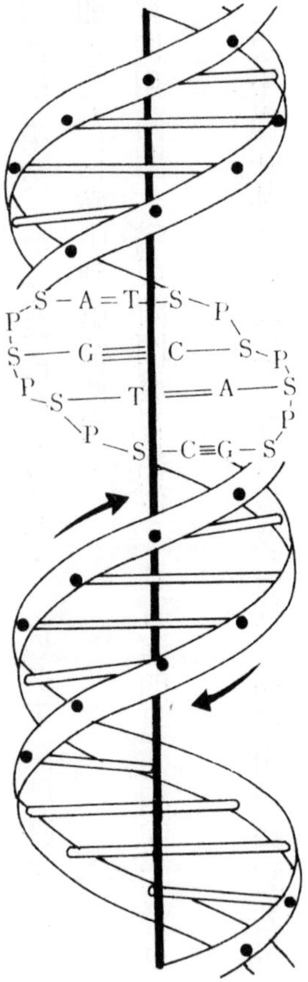

DNA 雙重螺旋構造

化愈來愈進展。

欲成爲骨骼、皮膚、水晶體，都由各個細胞參照DNA而決定。因此，身體的設計圖全部記錄於DNA。不僅如此，我們呼吸時吸入氧氣，或由口攝入食物消化後排泄等身體的生理性結構，亦全部記錄於DNA。據說連人的性格或嗜好也都記述。因此有人表示，只知DNA就能複製人類。

看過S·史匹柏導演的電影『侏儸紀公園』的觀衆很多。那部電影劇情描述從一隻叮過恐龍的蚊子，牠的血液取出DNA，重新複製恐龍。以今日的技術仍無法做到，但如果混合性變換等技術有飛躍性發展，實際上可能會實現。因爲遺傳資訊全部記載於DNA中。

DNA即我們「今世」的生物，從「他界」出生時的設計圖，所以，可解釋前述所提「意識之場」，以DNA爲媒介而具體化「今世」。以此角度看，可解釋DNA即連結「他界」與「今世」的言語體系。

易經的六四卦與DNA的言語體系相同嗎？

但令人驚訝，DNA的言語體系，與易經的言語體系完全相同。

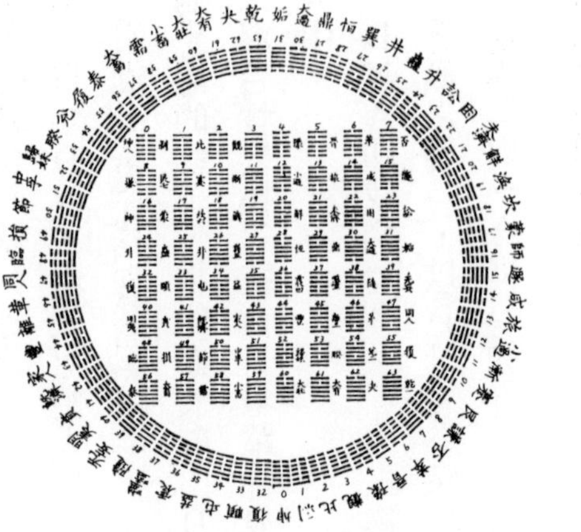

萊布尼茲所發現的六四卦方位圖

（數字是萊布尼茲所寫）

〔引用東方書店出版蔡恆息『易的新科學』〕

七十二頁的圖是DNA的鎖鏈，成爲雙重螺旋狀。上圖是易經的「六四卦」，但此二者卻完全一致（參照七十五頁）。

對於易經最先矚目者，是數學家萊布尼茲。

萊布尼茲與牛頓屬同一時代，有各種貢獻，微分、積分界則是牛頓最先所發明，其實萊氏也在同一時期，完全獨自發明微分學、積分學。

在此所寫一～六四的數學，即萊氏本身親自所寫之數字，而在此加以引述。因此不再詳細說明，但DNA的密碼，與易經的六四卦完全一致。

爲何會一致，令人驚訝，但的確是不可思議。

1 \ 2	U				C				A				G				3
	①		②	③ ④													
U	F UUU	$\bar{3}33$	渙	13	S UCU	$\bar{3}13$	觀	29	Y UAU	$\bar{3}03$	小畜	37	C UGU	$\bar{3}23$	家人	53	U
	UUC	$\bar{3}\bar{3}1$	巽	5	UCC	$\bar{3}\bar{1}1$	漸	21	UAC	$\bar{3}\bar{0}1$	益	61	UGC	$\bar{3}\bar{2}1$	中孚⑦	45	C
	L UUA	330	坎	14	UCA	310	比	30	終結₁ UAA	300	需⑥	38	終結₂ UGA	320	既済	54	A
	UUG	$3\bar{3}2$	井	6	UCG	$3\bar{1}2$	蹇	22	終結₃ UAG	$3\bar{0}2$	屯⑧	62	W UGG	$3\bar{2}2$	節	46	G
C	L CUU	$\bar{1}33$	蒙	15	P CCU	$\bar{1}13$	剝	31	H CAU	$\bar{1}03$	大畜	39	R CGU	$\bar{1}23$	賁	55	U
	CUC	$\bar{1}\bar{3}1$	蠱	7	CCC	$\bar{1}\bar{1}1$	艮	23	CAC	$\bar{1}\bar{0}1$	頤	63	CGC	$\bar{1}\bar{2}1$	損	47	C
	CUA	130	師	16	CCA	110	坤	32	Q CAA	100	泰	40	CGA	120	明夷	56	A
	CUG	$1\bar{3}2$	升	8	CCG	$1\bar{1}2$	謙	24	CAG	$1\bar{0}2$	復	64	CGG	$1\bar{2}2$	臨	48	G
A	I AUU	$\bar{0}33$	解	12	T ACU	$\bar{0}13$	豫	28	N AAU	$\bar{0}03$	大壯	36	S AGU	$\bar{0}23$	豐	52	U
	AUC	$\bar{0}\bar{3}1$	恒	4	ACC	$\bar{0}\bar{1}1$	小過	20	AAC	$\bar{0}\bar{0}1$	震	60	AGC	$\bar{0}\bar{2}1$	帰妹	44	C
	AUA	030	訟	9	ACA	010	否	25	K AAA	000	乾	33	R AGA	020	同人	49	A
	M 開始 AUG	$0\bar{3}2$	姤⑤	1	ACG	$0\bar{1}2$	遯	17	AAG	$0\bar{0}2$	无妄	57	AGG	$0\bar{2}2$	履	41	G
G	V GUU	$\bar{2}33$	困	10	A GCU	$\bar{2}13$	萃	26	D GAU	$\bar{2}03$	夬	34	G GGU	$\bar{2}23$	革	50	U
	GUC	$\bar{2}\bar{3}1$	大過	2	GCC	$\bar{2}\bar{1}1$	咸	18	GAC	$\bar{2}\bar{0}1$	隨	58	GGC	$\bar{2}\bar{2}1$	兌	42	C
	GUA	230	未済	11	GCA	210	晋	27	E GAA	200	大有	35	GGA	220	離	51	A
	GUG	$2\bar{3}2$	鼎	3	GCG	$2\bar{1}2$	旅	19	GAG	$2\bar{0}2$	噬嗑	59	GGG	$2\bar{2}2$	睽	43	G

①碱基符號　②卦　③爻　④配列　⑤開始符號　⑥⑦⑧集結符號

遺傳密碼卦符號表〔引用東方書店出版蔡恆息『易的新科學』〕

易經最先出現約在三千年前，DNA的密碼於一九六一年被解讀，所以易經出現的時代不可能發現DNA的構造。因此，這並非偶然造成一致，而被認為可能有奧秘關係。

萊布尼茲因發現易經的六四卦而獲得靈感，進而發現數學二進位法。這是牛頓亦望塵莫及。

依據數學二進位法為基礎，而在三百年後發明電腦。亦即電腦是以數學的二進位法所形成，以此關係可解釋電腦的內部言語與「他界」的言語，可能有遠親關係。

不可思議的「水」「液體（agua）」「閼伽」

「他界」的言語之痕跡，除此之外，在「今世」到處都有遺留。

例如，對我們而言水是最親近液體，液體當中極特異存在，具有多種奧妙的性質。例如，冰點為零度，約在四度C體積最少就會游離狀態，都是很奇妙的現象，同時水也會溶解一切物質。

另外一種屬於怪異的世界說法，所謂氣功法所言之「氣」，易溶於水。故有神前供水之風俗。基督教的洗禮也是使用水。稱為水之這種液體是很特別的物質，以靈性角度看，與我們普通所見的各種物質，是完全不同的物質。

全世界的水都以相同方式表現。在英語稱爲Water，拉丁語系稱爲aqua。佛教稱爲閼伽。我有時乘坐遊艇，而積存在船底之水，不論淸澈與否，都稱爲「水垢」。垢發音爲AKa，接近於aqua發音，表示世界上使用各種共同的語言。如前所述之阿門與嗡相同般，水亦可能具有特別的意義，所以aqua或Aka也可能是特別之音。

雖然我尙未發現，但因追求「世界共同語」之謎，可能因而發現許多有趣現象。

物質與意念之關係

談論至此，有些項目已能明確了解。

其一是，「他界」的確存在。同時有意識之場。人類的意念摺疊於「他界」。至於以何種形態摺疊，不得而知。

在物質方面，「今世」普通的科學已相當發達，所以我們都能了解。基子會有何作用也能了解，唯獨意念尙不能瞭知。但意念被摺疊於「他界」大致上不會有誤。既然如此，即可推測意念與「意識之場」間有相互作用。

由於如此，則會產生何種狀況?任何超能力者、超常現象，都不能輕易否定。某大學的教授聽聞此番話，可極爲震驚(笑聲)。

我所舉之例也許並不一定適切，例如，超能力者薩伊巴從空中能無中生有。我在此非評論薩伊巴騙人，或眞正有超能力。我自己本身並無親身體驗或看見。但發生此事亦不值得大驚小怪。爲什麼呢？因爲人類的意念被摺疊於「他界」，物質也被摺疊於「他界」。所以，其意念會對物質的「意識之場」，可能會產生某些作用。依原理性思考，意念強烈時，有可能製作出物質。

在新科學的世界，認爲那些超常現象或超能力者可能存在。無論發生任何不可思議現象亦不足怪。我本身對超能力並無興趣，因此看見其現象，而解釋爲「意念與物質的意識之場的相互作用」，即成爲理所當然之事。

容格的「集合性無意識」概念

接著談論有關深層心理學問題。

> ——人類心靈的世界為雙重構造，在我們日常所知覺的意識層深處，存在著以普通狀態難以認識之無意識層——
>
> （『已知的「他界」科學』）

如前所述，此語最先出自佛洛依德。因此精神分析學才得以發達，精神病的治療才能飛躍性發展。存在於我們平常沒有意識到的無意識層，例如精神上受到任何衝擊，即會在無意識層殘留傷痕。自己雖然已遺忘，但會造成各種精神障礙之要因。但如果能善待處理這種無意識層之傷痕，精神病即能治癒，此即最基本的原理。

這已成爲現在精神醫學的常識，但此假設是其範圍更廣義的展開。佛洛依德之後所出現的容格如此說。

——人類的「無意識」並非個人所屬，而與全人類共同連結——

此語即容格的「集合性無意識之假設」。

相信多數的人都曾經驗過預感、忐忑不安，或傳心術等。我本身也具有人與人之心互相連結之直覺，但容格以學問性追究，而產生「集合性無意識之假設」。其實，這在現在已成定論。

容格心理學，於一九六〇年代急速普及化，而在日本也出現河合隼雄、山中康裕等著名的研究者。

有關容格集合性無意識之假設更詳細說明如下。例如，親族性無意識，即親族之場合，心與心連帶關係更強烈結合，或民族性無意識，具有階層構造。例如，非洲的原住民，與部落帳棚村中的數十人一起生活，其部落間的集合性無意識更強烈。這些個案事例研究也很進展。在那些集團中，有一人與外人談話，吸收外人的種種知識，即使未以語言與其他人溝通，但多數的人也能了解。有句禪語「以心傳心」，以某角度看，被認爲不受文明毒害，心與心連帶更強烈。這種集合性無意識，最深層處與全體人類有關連，但各種階層連結的強度互異。

「無意識」能預知未來

另一種極有趣的集合性無意識之假設是，無意識能預知未來，亦即所謂「無意識」超越時間全知全能。

這種「超越時間」假設的根據爲夢。

各位都曾聽聞預知夢這句話。

容格頻繁看見預知夢。

例如，第一次世界大戰開始之前，數度反覆看見歐洲染血之不祥夢。他當時的精神狀態有些異樣，所以自己以爲患有精神病預兆而煩惱。但數個月後，第一次世界大戰終於爆發了。

除此之外，自己母親的死亡、妻之死、親友死亡，都在前三日~四日於夢中預知。夢從「無意識」得到訊息，此是佛洛依德所發現。

佛洛依德應用夢的分析治療精神病，效果卓越。容格亦如法炮製。

以佛洛依德之手法，從夢中探詢Libido（性衝動）之糾葛。容格認爲未必然僅解釋性衝動糾葛而已，且能從夢中了解各種狀態，容格派與佛洛依德派對夢的解釋，有極大差異；但夢藉由「無意識」所傳來的訊息，成爲精神分析學的常識，因此使用精神分析即能治療精神病。

這是從本世紀初已被確立之方法論。

然而，夢也能預言未來。在此探討預知夢的問題。

與三十人對談，大體上其中有一人曾有預知夢的經驗。預知夢本身並非稀罕現象。但未能自己觀察就不能了解。

從預知夢這種現象能了解什麼?夢由「無意識」傳來的訊息，而預知其夢、預言未來。意謂「無意識」瞭知未來，亦即全知全能。

「集合性無意識」與「他界」是否相同？

另外也有一種容格自己的經驗，即夢也會指示我們應行之道。容格有迷惑時，做夢、解釋其夢，才發覺「喔，原來如此，我應如何做」，擁有數次如此之經驗。此意謂夢具有目的志向。容格說：「夢教導我們應做之事。」

我本身雖沒有經驗太多夢的教導，但容格主張有此事。

亦即「無意識」與宗教所稱呼的佛、神相似。因爲無所不知，連未來也知道。同時也教導我們應如何做。確實猶如神、佛一般。

與「他界」交流，靈魂卽能進化

除此之外，容格尙指摘另一種奧秘。

——依與「無意識」之對話，人類之魂逐漸進化，朝向聖賢方向——

與「無意識」對話的方法很多。夢的解釋是另一種與「無意識」之對話。容格本身則使用曼陀羅對話。

無意中所寫、所繪，正表示自己的心之世界，而後依此爲基礎做正確治療。

在精神分析學上，最近常使用盆景療法。無意中所做盆景，很奧妙的呈現出自己深層心理的內容。將此人所作盆景之意義正確解釋，亦能與「無意識」對話。

但，最直接且最強力的對話，即冥想法。

容格熱衷冥想，在其過程亦常經驗遇見神。容格在冥想中經常出現自己的指導老師（glue）費雷蒙老人，接受其教導。

綜觀結論，依個人之見，本書所述「他界」，即大衛波姆所主張「暗在系」，與容格所指摘「集合性無意識」可能都相同，因爲它們具有各種共同點。

例如，除「今世」之外，尚有另一個「他界」存在。自己的「意識」以外還有「無意識」。我們眼睛所見之「明在系」外，亦存在眼睛所看不見的「暗在系」。

眼睛雖看不見，但存在著另一個宇宙「他界」之世界，此點是共同的。同時，「今世」全體摺疊於「他界」。這不僅是「明在系」與「暗在系」的關係如此，「意識」與「無意識」的關係亦如此。

依容格之理論，集合性無意識都是連結一起，所以在「無意識」界，我與你相同。亦即無自他之區別。這點也完全相同。

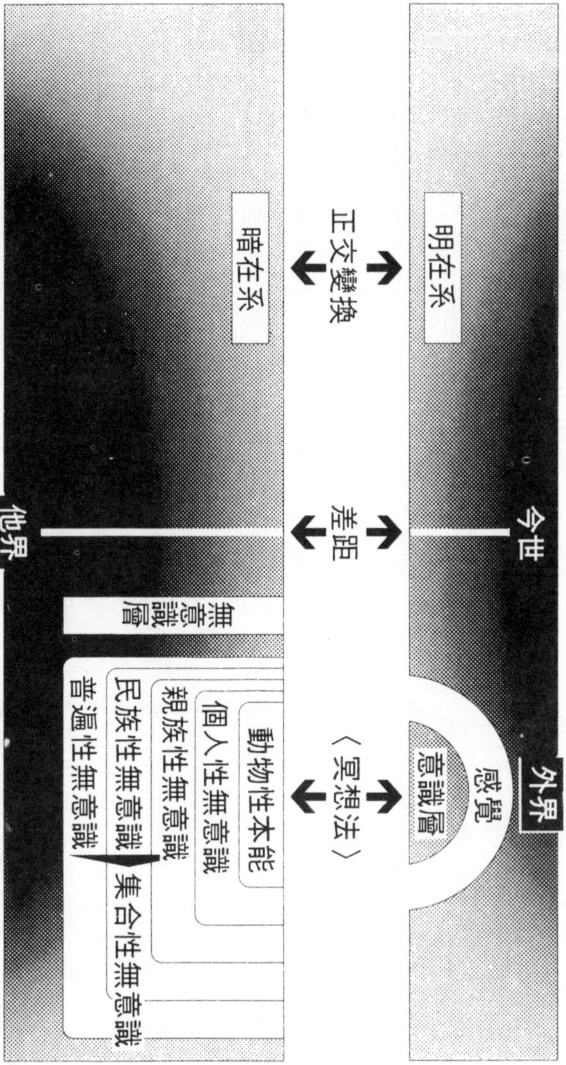

雷射攝影術—宇宙模式

集合性無意識之假設

其次是超越時間的概念。波姆主張時間被摺疊，容格也主張「無意識」超越時間，連未來都能知道。然而，東方哲學的共通點也很大，各種觀點完全一致。

當然其中之一方是透過拚命觀察精神病患者所獲得之知見。稱爲集合性無意識之概念，是觀察多數的精神病患，及深入觀察自己本身才發覺之理論。

另一方面，波姆在物理學的量子力學、基子的物理學，作各種實驗；或思考數學性理論的結果，才獲得「暗在系」的概念。

其基礎或許有大差異，但觀雙方學習後之結果，就了解，所提出問題內容相同。

唯一的區別是，一方是有物質問題，另一方爲精神問題。其實二者很難統一性思考，但考慮物質、精神同被摺疊，則二者即無差別。

結論是由基子物理學所得「暗在系」概念，與深層心理學所獲得「集合性無意識」概念，完全一致。

其實，這都是「他界」。「他界」即暗在系；「他界」即「集合性無意識」。因爲，在「他界」宇宙的一切被摺疊，我們的精神、意念、思想、意識都被摺疊。不僅如此，過去也全部被摺疊，未來也被摺疊。東京、紐約全部混合，此即「他界」。

「他界」即是神本身嗎？

如前所述，本世紀初出現了量子力學，然而波爾、海森堡、休雷丁格等則熱衷於東方哲學，尤其波爾更著迷於易經方面。

波爾被丹麥國王授予爵位時決定的徽章，其徽章即是使用易經的太極圖。

若在今日則令人感覺「那不太稀奇」，但在本世紀初，科學家將易經的太極圖做爲自己的徽章，是需要具備極大的勇氣。這是我們絕難以想像之事。

在那時代，只有歐洲、美國才被認爲是先進國家，而東方被認爲是落伍的黑暗社會。所以，在當時一提到東方哲學等，或只是給予一些支持，就會受到社會的排斥之時代，何況是將易經的太極圖作爲自己波爾家族的徽章。由此可想像波爾學習易經時，承受極大的衝擊。

至於休雷丁格與海森堡二人，較熱衷於印度哲學。在佛教、印度教、易經、道教等東方哲學中，所表示的思想，有記載著許多令獲得諾貝獎的優秀科學家們，感到驚訝之事。

基督教抽象化的文獻不易了解，如前面所述「太初有道」，這句話令人覺得寫得很奧秘。因此，如前述般信仰奧姆眞理教的年輕科學家們，熱衷於宗教亦不足爲奇了。因爲，太優秀了，反而更能接近宗教。

反之，不了解「最先端科學指向」，僅能掌握牛頓力學範圍的「科學」家，皆是將全盤現象先入爲主之觀念而加以拒絕，但實際上能極力追求科學奧義，必然會接近東方哲學與宗教性奧義。

我們即將迎接一個依科學的世界、深層心理學與東方哲學的三種立場，將世界上各種不可思議現象，及過去認爲謎樣般之現象，而今被解明的時代。

> ——從基子物理學、深層心理學、東方哲學三個方向之手法，即將解明人類自太古時代就已探求宇宙之謎、「他界」之謎、靈魂之謎——
>
> （『已知的「他界」科學』）

將以上所述加以歸納，則「他界」即「暗在系」、「集合性無意識」，同時與宗教所稱呼之神或佛非常相近。

人類表面化的「意識」，與其內所存在之「無意識」完全成爲一體之狀態，即是佛教所說「開悟」的狀態。達到該狀態，我們就能依自己的「意識」了解「他界」。然後在「他界」一切被摺疊。

「阿迦奢記錄」記載一切資訊

在「他界」存在著一切資訊。有句話說「阿迦奢記錄」，這是在歐洲的神秘主義者之間，從十六世紀開始使用的言語。所謂「阿迦奢記錄」，意謂記錄宇宙一切之物體必然存在於某處。

但我認爲並無特別記錄媒體，而認爲「他界」本身即阿迦奢記錄。因爲到他界去看，即能一目了然。不論過去或未來都能瞭知一切。但一般人無法去看。

因爲在「今世」與「他界」之間，有極大的差距，所以普通人無法跨越。具有超能力者等，稍可跨越。有些宗教家也稍微能越過，而達某種程度精神水平高的人，則能稍加窺視。

但欲了解全體，則極困難。惟有「開悟」才能了解其全貌。故人類全部「開悟」，則不需知識的傳達。不需要書等，學校也不需要。大家也不需到他界去看。

「今世」與「他界」連接，「意識」與「無意識」能獲得「開悟」，此意謂依自己的「意識」水平，就能瞭知一切。這是全部都了解。

因此，進行冥想遇見神的狀態，是否即爲「開悟」，此種想法過於幼稚，達到「開

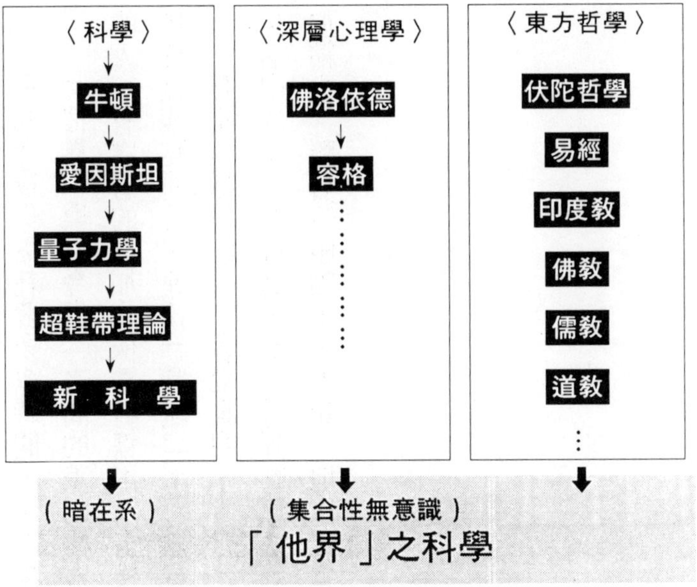

悟」境界，就能全部了解。

能了解他人也了解自己，了解宇宙、了解DNA，也能了解過去與未來，了解草木，也了解宇宙的基子。亦即萬物的一切狀態都能了解，即是「開悟」的狀態。

在人類的歷史上，「開悟」的人佔極少數。我知道有少數的人開悟，但爲數不多。

進行冥想時，「意識」擴大飛躍出地球外的人很多。我的友人中也有少數飛躍出地球之外，清楚看見地球。僅達到此水平，尙不能稱爲「開悟」。

即使出現神或任何事物，都應視爲人間界外側所引起之現象。離「開悟」尙有一段遙遠之路。切記，絕對留意不要產生「意識」膨脹，即所謂通貨膨脹。

不知今後仍需耗費多少時間，使人類朝此方向發展，確是不容置疑。

「他界」與「今世」之間的差距極大，同時其差距因人而異；但其差距愈來愈狹小的人，有顯著的增加。依雷射攝影宇宙模式，其差距以正交變換方式表現；站在集合性無意識觀點而言，連接「意識」與「無意識」最強力之手法爲「冥想法」。

有關「冥想法」，容後說明，但並非依賴坐禪冥想。如果能在生活中專注細心，則生活中的每一個行動，都能得到冥想之效果，所以用心維持生活態度，其差距自會愈來愈縮小。隨著差距縮小，人類、地球也會產生大的變化，我確信也會發生各種有趣的事項。

第二章 命運能否改變？

——依「他界科學」思考宿命、人生

命運是否早已註定？

對於命運從未思考的人，幾乎不存在。青山圭秀氏所著『阿迦斯迪亞之葉』是極暢銷之書，成爲茶餘飯後話題，閱讀過的人爲數不少。

其情節簡單說明如下——在五千年前的印度，有位阿迦斯迪亞的聖者，此人遺留鉅量的預言，書寫在椰子葉上。

甚至有關個人之預言或命運也都記載，所以到那裡去可找到有關自己的記錄。此書即爲青山先生到那裡時之體驗所寫成的題材。

首先對照拇指之指紋以辨認本人，結果找出有記載青山先生之椰子葉，連其父母之姓名、自己的兄弟，乃至自己以往的經歷完全一致，令人心生恐慌。

爲何在五千年前，就能清楚了解現在的狀況？同時，其內容也記載青山先生三十四歲時會到此地。

當然，其眞僞不得而知，但此現象有眞實存在於世。

如果是眞實，表示人的命運全部早已被決定。但，一般我們應不會有此想法，而認爲只要努力，人生必然會更美好。至於何者是眞呢？此即今日探討的主題。

占卜能猜中之理由

探討命運前，先思考占卜問題。

占術具有多種型態。包含易經算命學、四柱推命、西洋占星術等，至於前面所述『阿迦斯迪亞之葉』等之出現，是屬喬悌休與印度的占星術。

如此之占術相信與否，因人而異。最近，對被稱爲新世代的人類，進行各種訓練。據說在訓練中，會由天上降下各種啓示的言語。具有這種被稱爲「啓示」之體驗者，愈來愈多。

另外「御筆尖」方法，是將天所降之任何啓示，透過自己的手自動寫出言語之能力。這又被稱爲「自動書記」之方法，不論東、西方有類似例子，其中亦包括預言。

結論即前面所述，占術或啓示猜中機率很高。

例如：深層心理學的容格，與傳教師出身的東方研究家威廉所進行的有關易經之實驗，但包括類似的預言，都很容易猜準。然而仔細觀察，直至最近才發現會猜中的「多半是無關緊要之事」（笑聲）。反之，重要之事、非常需要、危機時、有貪慾產生時，必然猜不中（笑聲）。的確，絕對猜不中，眞不可思議。

爲何無關緊要之事能猜中，但極重要時卻猜不中?現在且讓我們一起思考此道理。

應用占卜經營公司而失敗之例不勝枚舉

經營者也有很多此例。

我也知道數例。我的朋友是大阪大學的工學博士，擔任某公司的社長，知識淵博。曾經在週刊雜誌等大肆報導，以投機型企業而快速成長，此人某日突然熱衷易經。

員工出勤前，董事長很早就在董事長室，利用易經占術，決定推銷員應往西方進行業務（笑聲）。但若未猜中，問題並不嚴重，僅被視爲董事長個人之消遣。然而令人困惱的是被猜中了。

三年左右之時間屢猜屢中，結果公司急劇成長。其後，不知何故屢猜不中。假若猜不中，即應停止遊戲，但卻深陷無法自拔。不論輪盤或柏青哥，只要稍有贏錢，即使其中有賠錢也不願停止，一心執意想翻本。

由於如此，公司陷入慘憺狀況。結果，該董事長約在三年前死亡，從某角度看，確實令人遺憾。最後，不論何人規勸都不接受，而堅持占卜。

另一家，我間接性認識的例子，有關電腦軟體的公司，夫妻共同經營。

亦即，丈夫是社長、妻子擔任會計。太太雖不淸楚公司內容，但對易經頗興趣，閱讀許多有關書籍。有關經營上需要決策等，採納太太易經的建言，因而公司相當順利成長。但，有一天當董事長的主人亡故。

死亡後，太太接掌董事長之職，有關業務內容雖不了解，仍依易經決定全部，然而不可思議，最初的二、三年都很順利進行，至某日卻突然失靈，終於公司被競爭對手併購。

以蟾蜍飾品爲根據，投資數千億圓的愚痴行爲

如此之例不勝枚舉。

也許諸位記憶猶新，當泡沫經濟盛行時，有家尾上縫餐廳的女老闆，由於被稱爲靈感投機商，而成爲熱門話題，結果導致日本興業銀行三千數百億的貸款成爲呆帳。

彼女家的庭院，置有蟾蜍供奉，面對蟾蜍誦經。誦經時，後面排列數位證券公司的高幹，在誦經中突然說出證券公司股票名稱，彼女則迅速回應「買！」「賣！」（笑聲）。我說眞的。這情形持續十數年，結果命中率極高。

他向興業銀貸款三千數百億，及他處之貸款合計約八千億，大家都未察覺有任何疑

慮而給予貸款。以績優銀行之眼光看，他是優良客戶。十數年間持續猜中，直至某日突然猜不中。

類似的實例極多。

常聞經營者，依占卜師、超能力者之指點，我奉勸大家絕對不要如此。

因爲，在最重要的關鍵時刻就都猜不中，所以一切依合理性判斷來作決定。雖然最重要時都猜不中，但無關緊要部分卻能猜中，因此容易上當。

其實，在經營上最關鍵之時期，因依占卜而做錯誤決策，致公司營運遭遇危機，猶如屋漏偏逢連夜雨般之慘狀。

也有人利用如碟仙般之方式進行占術，這亦不該相信。總之，經營應以合理性判斷爲要。不論依占術或碟仙者，終究必然會失敗。過去我曾看見許多大大小小的事例。有時，的確順利，但都只是短暫性的，最重要的關鍵時刻必然會失敗，占卜之原理本是如此。

爲何重要時刻會失敗，在此說明其理由。

首先以簡單之言語說明其理由，即與意識的純粹性有關。何謂意識的純粹性?爲使各位理解，必須先了解「他界之構造」與「宇宙之結構」的概念(參照第一章)。

由於存在時間被摺疊的「他界」，因此預言方式才成立

如前述占卜能猜中般，但假定宇宙只是我們眼睛所見的三次元，然實際上則含蓋時間成爲四次元，儘是眼睛所見之世界才存在，則占卜或預言絕不準確。

在眼睛看得見之宇宙的背後，尚存有另一個眼睛看不見的宇宙。我稱爲「他界」。這是自太古以來，各宗教都共同之說，而由近代物理量子力學的最新研究成果亦得到肯定。同時，在深層心理學層面也能指出。

結論，是眼睛看不見的宇宙，即「他界」，並非死亡後才去之處。生存於現世的我們，本身並未察覺，自己亦同時生存於眼睛看不見之宇宙。此點最爲重要。

亦即，我們不僅生存於「今世」，同時，亦活於「他界」的雙重宇宙中。其實並非雙重宇宙，儘是一個宇宙而已。但在一般狀態下我們不能察覺「他界」，因此才令人感覺在雙重的宇宙狀態。

請各位再仔細回憶，目前由各界所指摘「他界」＝「暗在系」＝「無意識」的共同點，即「空間被摺疊」，同時「時間也被摺疊」「全知全能」。這即占卜或預言能猜中的理由。最重要之點，即「他界」超越時間。不僅現在被摺疊，連過去、未來也都混合

一起，所以預知或預言才能成立。

自我妨礙「他界」所傳來訊息的正確翻譯

進行預知意謂與「他界」連結，解讀阿迦奢記錄。然而爲接受「他界」的訊息，意識必須清淨。其方向之一，即修行坐禪、冥想、氣功法及瑜伽。則意識愈純淨，才能正確接受「他界」的訊息。

然而，只接受「他界」的訊息尚不足夠。這才是最重要之點。依據我們普通的言語，是無法接受「他界」的訊息。

他界的訊息形態，與人們已理解其訊息的通常之言語有別。至於訊息的接受，依靠腦翻譯爲人類所使用的言語，或改變成「今世」能理解的形態。此時，腦中若殘留自我，翻譯就會錯誤。

直至腦水平提升到喪失自我，才能正確翻譯，而使自己能理想「他界」的訊息，也能傳遞給他人，然而此時若稍有自我存在，翻譯就會錯誤。錯誤或誤解就是在這一個階段產生。

前述占卜或啓示、御筆先、預言等，都是對無關緊要的事命中率高。

因此，對自己而言無關緊要、無利害關係之事，不會出現自我，沒有自我出現必然準確。但，眞正關鍵時，或危機時，稍有貪慾出現，就會出現自我。一旦出現自我，必然直覺錯誤。

這是，任何人尋找占卜師，爲自己占卜時相同的狀況。此時有出現自我，立即會影響對方。這情形，以容格集合性無意識的假設而言，是理所當然之事，必然會給與壞的影響（參照第一章）。此意謂欲占卜者的心淸淨性降低，必然會影響占卜師的判斷結果。亦即，占卜師雖具有高能力，但在此心理狀態下，則不會準確。此即，有關重要事項占卜不靈驗的原因。

本來，想依賴占卜者，即表示此人的心處於尙未開放的狀態，亦即確實殘存自我的心態。因此，重要關鍵時出現自我的機率極高。

不能依「今世」的觀點思考「他界」

命運能否改變，這很難以說明。爲何困難呢？爲能理解這問題，不能依「今世」的觀點去思考。必須徹底的依「他界」的觀點思考「今世」。但這極爲困難。

可以說我們都是自我的化身。我本身也是自我的化身，可說只依意識層活於此世。

認爲眼睛能見的世界才是一切，所以才依「今世」的觀點思考「他界」。

例如：宗教如何說，或雷射攝影宇宙模式是如何，或深層心理如何等，都是以「今世」的觀點看「他界」。如此般就會有錯誤。

但，「今世」與「他界」何者爲主體，的確是「他界」爲主體。

我們擁有身體的生活情況，猶如大海中冒出水泡同理，不能以水泡立場談論大海。基本爲海。但在海上冒出的水泡，即具有身體的人類。

視他界爲「死後的世界」概念本身就是錯誤

不清楚了解自己只是表面性存在的泡泡，就無法談論大海，同時對命運能否改變也不能了解。

前著『已知的「他界」科學』寫作時，我尚未領悟至此。例如，我曾寫「死後的世界」一書。

「死後的世界」無法以科學性證明。總之，近代科學必須依可反覆客觀性的實驗證明。但，「死亡」現象卻不能反覆，因此不能證明有「死後的世界」。反之，亦不能證明無「死後的世界」，這在前書中已有記載。

但，這是錯誤的概念。我寫該書時，仍執著於「今世」的觀點。正確的說，具有「死後的世界」之概念本身就是錯誤。如前所述，我們以現在的狀況生存時，自己雖未知覺，但自己的人生多半在「他界」營運。

例如，與他人的心感應或以傳心術進行交流，或其他種種事項等，都是在「他界」進行。有句話說冰山的一角，與此同理，我們在「今世」披著身體的人生，僅是人生的一部分，而其大部分都在「他界」營運。

我們在「他界」所營運的人生，與屬於「今世」的常識，順著時間軸產生各種事物的世界根本上不同。曾反覆提及在他界時間被摺疊。所謂時間被摺疊，意謂沒有死亡。所以「他界」無法定義爲「死後的世界」。

「他界」並非死後的世界。如果稱爲死後的世界，必然有時間介入。不論生或死，我們都生活在與此無關的「他界」。

因此，思考「死後的世界」，其概念本身即是造成錯誤的原因。

「他界」是不論死、未死，始終都存在。如『般若心經』所說「不生不滅」、「不增不減」。

坦言之，對於「他界」尙不能正確了解。我每日進行冥想，所以有少許進步，而能逐漸以「他界」的觀點看「今世」。同時也能了解命運。以現在觀點而言，我所主張是否正確尚不得知，但有關命運方面，還是將我所了解的範圍加以說明。

信念造成事實

——世界上的一切，也許非有事實，人們才產生信念常識，而是擁有信念、常識才產生事實。社會是因個人、團體擁有一連串的信念、常識，才化成事實的構造——

（向『「超能力」與「氣」之謎挑戰』）

我曾經寫此篇意識含糊之文。

以何種文脈寫出此文，目的在於想說明超能力的問題。

超能力的存在，已在科學上證明。

西元一九三〇年代，美國迪克大學的教授耶瑟夫萊因開始研究，耗時三十年才證明它的存在。一九六〇年代的後半紀，才證明超能力的存在。在學術界已被認定。

例如，psycnokinesis 亦即念力，依業的實驗全部被證明，以極嚴密的實驗，證明念力的存在。同時，研究結果發覺，因物質不同，念力的作用會改變。例如，銅與鐵不同，元素中的中子數不同，受念力的程度亦不同。有關念力現象，已被詳細調查出，至於透視力與傳心術等的能力存在與否，只是在日本傳播媒體持續發生爭論現象，而在國際性的學術界，早已全部證明被認知。

但，卻耗時三十年才證明它的存在。爲何須費時三十年呢？

「綿羊」與「山羊」的問題

相信超能力者進行實驗時，以統計性解析容易獲得具有超能力事實的結果。但，不相信超能力者進行實驗時，以統計性解析、實驗結果並無超能力。所以反覆多次實驗，議論也始終不能得到共識。

由於如此，才需費時三十年。至最後才了解，只是「羊與山羊的問題」，這才是極爲當然之事。

所謂「綿羊」，意謂相信超能力者，「山羊」是懷疑論者。「綿羊」實驗，結果產生有超能力，「山羊」實驗，結果出現超能力不存在。

這太奇怪了。

其實該實驗，即是爲了實驗被實驗者的超能力，出現與實驗的主辦者信念無關的客觀性結果才對。但，奇妙的是並無結果。因此，以某種角度看，近代科學的方法論彷彿遭到否定般。

目前是無法得到客觀性結果成爲常識。其基礎是容格心理學的成果。容格心理學，對同時期六〇年代普及於美國，「集合性無意識」的假設產生高影響力。亦即，懷疑論、不相信超能力者，透過「集合性無意識」易產生被實驗者的能力被壓抑。因此，懷疑論者在實驗室無實驗狀態下進行實驗，即能證明超能力的存在。這是「羊與山羊的問題」，非常著名的課題。

但終於在一九六九年，學術界認定人類具有超能力。

依此結論我們了解什麼呢?例如，在一個社會中，假定該社會的全員不相信超能力的存在。此時，全員爲懷疑論者，所以無人能發揮超能力。本來擁有這種能力者也會遭到壓抑。在不相信超能力者的社會，超能力就不存在。

但另一方面，若在相信者的社會中，超能力不受任何人壓抑，因此透視與傳心術易產生。

總之，非有事實才產生常識，而是大家擁有信念與常識，事實成爲其信念或常識，至少在發揮超能力的場合，可以學術性證明。

「今世」的宇宙，是「意識」所形成之幻影——一切皆空

其實，我認爲「羊與山羊的問題」並不僅是超能力的問題，而是與一切問題有關。以團體中具有共同信念的場合，就會成爲事實。社會全體擁有某種信念，在其社會中被實現成事實。

這即形成社會構造。

我們並未發覺那都是自己所決定，而在其社會構造的領域中營運生活。

在宗教方面如何解釋此問題。「今世」，亦即我們眼睛所看見的宇宙，是由意識形成，其場合是相當高水平的意識，亦即所謂「無意識」水平所形成的幻影。

依佛教而言，稱爲「一切皆空」。色即是空，已經反覆說明，「色」即我們眼睛所見的宇宙，「空」是眼睛所看不見的宇宙，與「他界」成爲一體之意；但更深度探討，其實只有「空」而已，「色」僅是幻影罷了。

佛教中有稱爲「唯識論」的一種認識論，但很遺憾，在有關唯識論的論著中未能說明清楚。可能與一般常識差異太大之故。

由於如此，普通在唯識的解說書中，解釋爲末那識、阿賴耶識，無垢識（阿摩羅

識），是更深奧「意識」之意，但這是屬於深層心理學的世界。

其實，階層的分類法不同，但佛洛依德與容格的主張，與佛教的唯識主張，幾乎相同。如此般的深層心理問題，在唯識的解說書中有清楚的說明。但其實唯識論的最重點，「今世」是人類「意識」的底，亦即深層心理學用語所說的「無意識」水平，所形成的幻影。

至於印度教，以迷（神的幻術）來表現。「今世」是迷，亦即全部爲幻術。將這想法體系化的是，第五世紀的香格拉伽里亞。在他之前，有稱爲吠嚐塔宗派存在，但香格拉伽里亞將其體系化。該派強烈主張「今世」即爲幻影。

其實，這觀點不易被接受。但，目前我認爲其思想全部正確。即「今世」是「意識」的底，或「無意識」所形成的幻影。

有關Karma的法則

Karma 法則的業，梵文 Karma 意謂行動、行爲。善行或惡行皆是業。但一般稱爲 Karma 的法則時，並非單純的行動、行爲，而被理解爲業。不僅是行爲，亦含蓋意念。日常中我也具有各種行爲、各種意念。擁有各種的感情。無論行動或意念，那是我們付諸實行，放射於宇宙，然後又回饋於自己。此即是Karma法則。

因此，對人造惡，不久即回饋於自己。回饋於自己時，並非由你所造惡對象而來，而是由完全不同的人而來。

但此道理很難證明，若以Karma的法則回饋時，必須回溯前世的Karma。

因此，才說明即使前世所造惡、前世的各種報應、或有前世的Karma存在，才反饋於今世己身，但這很難證明。

假定這說法正確，例如，在電車中偶然被人踩到腳，可能意謂自己往昔的行爲得到回饋，因爲一切都非偶然存在。雖然腳被踩時，有踩腳的人，但此人只是將此行動傳達給你，特別被選出傳達給你。由於如此，踩你的人有踩的行爲，而在別的機緣下，會以別的形態回饋此人於其身。此即業的構造。由於如此，形成複雜奇怪的網路構造。

我們對某人造惡，或殺人行動時，以被殺者而言，可能是前世、或前前世的報應，回饋於身而被殺。

假定我是凶殺犯，現在的殺人行爲累積形成Karma，而在其他的機緣下回饋於他人身上。

我殺了人，下次接受報應時，是完全由不同的人行動，選擇不同的人執行。如此般複雜的結構形成「今世」的Karma 法則。

這不僅是佛教的主張，基督教亦同樣主張。

所以爲解消Karma 必須廣積陰德。

所謂積陰德就是爲善不欲人知，假設積德廣爲宣揚，此德即消失。但積德無人知，則會自然回饋於己身，此即該教義背後的主張。因此，依此教義奉勸大家廣積陰德。

我認爲Karma 法則，從某種角度看是正確的。現今世界以此法則形成，全非偶然，同時，現在我們所採取的一切言行，必然在某一個機緣中回饋於自己。我認爲此概念是合理的。

這並非以科學家的立場主張，而是以直覺性的主張，說明Karma 法則，我感覺是正確的。

「集合性無意識」所決定約束事項

但，以新科學的手法看「他界」，則更能了解其內部。所謂內部是什麼？此Karma 法則，可能是「人類的集合性無意識」所決定的約束事項。總之，並非宇宙構造的Karma 法則所形成，而是我們本身所決定的約束事項。

例如，我們現在非依集合性無意識，而是依意識水平進行各種約束。

例如，金錢的問題也是一種約束事項，我們的意識經常被金錢所約束。很難擺脫金錢貨幣經濟的框架，但實際上要逃避亦可輕易的擺脫。可至無人島居住、或到新宿旅行，住在瓦楞紙箱裡。以此角度看，貨幣經濟僅是人類表層性意識所決定的約束事項。這是衆所皆知之事。

因此，現在社會的貨幣經濟，被自己的意識所決定框架緊緊地束縛。我們爲何要工作?爲賺錢而工作。爲繼承遺產等而親屬反目成仇。這只不過是人類表層意識所決定的約束事項。雖是約束事項，但想擺脫卻很困難。

現在的社會，是由人類表層意識而決定的許多約束事項所形成。但宇宙是由比其更深奧的深層意識、「集合性無意識」所決定的約束事項形成許多的事情。既然表層意識所決定的約束事項不能輕易擺脫，因此，要擺脫深層意識所決定的約束事項更難。所以會令人錯覺爲宇宙的法則般不可思議。可以說，我們是浸潤在「集合性無意識」水平所決定的約束事項中。

Karma 的法則也是其中之一。但有關 Karma 法則，依前述有關宇宙的構造、時間與空間全部被摺疊在「他界」的構造觀點看，宇宙的根源性法則可能不存在。有關此道理，沒有相當程度熟悉「他界」想法的概念，很難明白。

沒有時間的世界也沒有原因和結果

在「他界」裡並無時間。沒有時間，意謂沒有原因與結果。所以原因與結果不能區別。有原因與結果，是因有時間的經過才能區別，但在時間被摺疊的「他界」裡，原因與結果不可能區別。亦即，一切因果律絕不能成立。

「他界」並無因果律。「他界」並不存在Karma的法則。Karma的法則，只是出現在「今世」時才成立的法則。因此，不能說它有堅固的根元性。

依「他界」的科學觀點，以科學性思考並無時間的世界。表示包括前世、今世、來世開始綿綿不斷輪迴轉生的每一階段的人生，在「他界」被正交變換全部重疊。在「他界」無法區別前世與來世。這實在太奧妙了，令人無法想像的世界。因此，因果報應也被定義為超越前世的Karma而存在。

由於如此，Karma的法則等，僅是出現於具有意識的「今世」世界時的約束。

了解Karma本是我們的「集合性無意識」所決定的約束，就能擺脫Karma。則此時的重點為何，以下說明。

排除否定性感情，就能擺脫Karma

「今世」擁有否定性感情。

包括忿怒、悲傷、恐怖、不安、嫌惡感、憎恨、嫉妒、瞋恨、怨仇等，及其他各種情感。這些否定性感情究竟是什麼?依我個人的想法，它是蓄積於意識內側的一種能量，這就是Karma的原因。

下面的說明，可能與一般常識背道而行，但人在忿怒時，會產生「某人說的那句話令人生氣」的想法，或覺得「像這樣的事情發生在外，令人悲傷」。

這些想法是不正確的。最近我會思考，否定性感情並非依外界的事象而發生。與此相反，最初人類的意識內側發生否定性感情時，爲對應其感情而引起外界的事象。

依述唯識論的概念，或吠丹塔派的主張，就會變成如此。「今世」的這種現象，並非存在於其場所，而是由我們的意識底層所湧出。

例如，我們內心裡有忿怒，因此在外界產生忿怒的現象。內心裡有悲傷，在外界就湧出悲傷的現象。

無論是誰，這一切都是自己所造成。並非因人惡劣才忿怒。忿怒在自己的內心形成，爲使它排出，而讓對方說出令人生氣的言行。

也許各位認爲我所言，過於異想天開，但站在「他界」的形成、宇宙的構造等觀點思考，這才是事實。

否定性的能量，持續蓄積於體內，爲使其發揮，外界才產生各種現象。而發生一種Karma的鎖鏈。以此方式思考，較易了解其道理。

由於Karma的法則，我對於A先生所做的行爲，爲何在全然不同的場合，受到B先生的報應，這是複雜難懂的道理，但其道理卻是眞實的。

一切事象，若能思考它全部由自己的內心所發生，就較容易理解。

因此，將蓄積於內側的否定性感情排除，Karma必然會消失。如此就不會發生不幸之事，令人失望、悲傷的事必不會發生。將忿怒的能量全部由自己內心深處排出，在外界就不會產生忿怒的現象。

心理療法的實驗已被證明

最近稱爲心理療法的精神療法極爲盛行，教導各種方法。觀其療法，發現它是採取排除否定性感情或能量的方法。

雖然如此，並不意謂心理療法師，是在「他界科學」的意識下所進行；可能是依經驗而了解，將否定性感情的能量排除，人生就變得很快樂的觀點下進行。

但，追根究柢心理療法的方法論，我認爲Karma最後可能被消解，而其結果，自身外界也不可能再發生任何不幸之事。

如何有效排除否定性能量，我目前正努力學習，同時期盼達到能教人技術。當然我本身，尙擁有許多否定性感情，充滿了煩惱，所以尙未達到能教人的立場。我僅期待在臨命終前，能學會一些，就很滿足了。

但我能明確了解的一點，是排除否定性感情，與壓抑是迥然不同。倘若壓抑忿怒，忿怒就會更強烈固著於內部。既然已出現於外界，爲使其能量排除，而巧妙地發怒。同時，應注意忿怒回饋於內部，此點最爲重要。

錯用「意念」的力量，就會遭遇危險

另一種，提出與此相同道理的即是意念的力量。在意識深層水平的意念必然實現。這點說起來令人恐怖，如果透過冥想，這種力量會愈來愈強烈。

如果這力量增強，是否會帶來好處呢，未必然如此。實際上存有各種困難。各位自己去實現，就會發現自己意念的力量多麼強大而驚訝！

但，平時自己未發覺這現象，因爲那太意想不到。

例如，打麻將時運氣「嗯嗯」，就能自摸胡牌（笑聲），那也是運用意念的力量。

其實，這並非偶然僥倖而得。

以系統化思考這種力量者，例如，拿破崙、希爾等各種人士，主張成功哲學即是意念的力量，然錯用方法就會遭遇危險。

意念的力量，連自己也會驚訝那般強烈，透過冥想法等，從意識更深層發揮意念的力量，而予以強力化。但修行方法沒有伴隨精神性就很危險。

以「自我」或煩惱爲原點的意念，極爲危險。認爲對方太可惡，而思考對敵人不利行動時，會發生危險事情。古諺云：心想害人，結果兩敗俱傷，這點以「他界科學」的觀點思考，是極當然的道理。

想「傷害人」自己也會遭受傷害

因爲在「他界」，我與你連結成一體。

假使認爲「他很可惡值得懷恨」，其實他就是你本身。由於如此，希望對方遭遇不幸。想傷害其人、殺他，結果受傷害的不是對方，而是自己本身受害。因此，如果心存惡念，必然會報應於自身。這種反饋的力量極強烈。

其實，我也曾數度思考不要利用修行方式增強念力。因爲心有所思必然會發生。若負面性意念被實現，其後反彈必極爲強烈。其反彈力量令人難以負荷。

最初尚不太了解自己的心態會導致何種反饋，但逐漸了解後，才發現這就是當時所進行意念的反饋。

但，我自己的精神性層面，並不能快速提高水平，所以在內心就產生報復。然而起心動念且付諸實驗後，不久就反饋於自己而遭遇報應。

因此，不要過於熱衷冥想法等修行。雖然冥想法容易提高意念的力量，但欲提高精神性並無捷徑。我也不知如何對應。坦白說，自己觀察自身，精神性也無法快速提升。

因容易產生否定性感情，使用意念的力量，不久後增加三倍、四倍、十倍乃至二十倍的力量，不久後，全部回饋到自己身上，因而陷入極端惡劣的狀況。同時，意念的力量愈來愈強化，回饋到自身的反作用間隔愈來愈短。立即就會遭遇反饋。

雖然有Karma 法則，但若認爲以後才慢慢會受報應，而悠哉度日，卻料想不到立即受報，所以極危險。

我覺得意念的力量，等到「自我」或煩惱減至某種程度時，才使用它較妥當，但其實「自我」與煩惱很難消除。這才是最大的問題點。

意念也是一種能量

有關念力存在與否的實驗，已在萊恩教授的研究項目中詳細介紹，接著探討爲何意念擁有如此強大的力量。

依大衛・波姆的主張，「物質、精神都是以能量的形態摺疊於暗在系」。

總之，主張意念即是能量的學說。

另一種問題，即現今自由能量的主張，成爲熱門議題，同時也出現很多自由能量的研究者。宇宙中有龐大的能量，這並非他們所發現，而是物理學者間的一般常識。

稱爲零點能量，在絕對眞空中也有極強烈的能量。更詳細地說，能量成爲電磁場量子力學的起伏現象，如此般空的狀態什麼都沒有，但實際上卻蘊含強大的能量，由此而飛出電子、飛出質子，這就是宇宙的眞相。

這是物理學家衆所皆知的事實。

然而，這種能量人類能否取出，像如此般所謂零點能量，專門術語上稱爲支離破碎的能量，意指位相不整齊的能量。所以不容易取出。

空間充滿那種能量的事實，與能製造可利用其能量的自由能量機器，二者是互不相干。毋寧說，將一本書的能量改變，實現的可能性較高。因爲所有物質，比零點能量更易成爲能量形態，能將垃圾或產業廢棄物直接變換成能量，人類所需之能量即綽綽有餘。

但，在現狀下尚不能做到。目前，能直接變換成能量的物質，只是有限的放射性元素。只有這些才能由物質變換爲能量。但必須使用核子彈，或核能發電所，大規模的設備使物質直接變換爲能量。普通的物質很難轉變成能量。

這即現今世界的現狀，與此相比，我們想取出宇宙零點能量，亦即將充滿宇宙空間莫大能量應用，尚非易事。

依念力可操作機器

近年，有關自由能量實驗的報告例子不少，但確實有此現象存在，或完全是一場騙局，尚不得而知。

其實，研究者都極認眞，全然無欺騙社會之意，但或許因知識不足，例如，造成軸承受摩擦的計算錯誤，所以產生將單純的馬達，誤解發生爲起電力的情形。

從輸入力量扣除因摩擦損耗的力量，計算與輸出力的差距。此時，如果損耗的計算錯誤，就會誤解好像發生新的起電力。如此之例不勝枚舉。

我所見之例多半如此。並非刻意做惡，但結果卻是錯誤。

除此，還有一種大的可能性。

那就是依科學性證明念力可操作機器。既然如此，可能是發明者的念力強烈，而使得馬達啓動。

念力與「氣」的能量，顯然屬於未知的能量。在物理上還處於什麼都不了解的狀況。與此相反「零點能量」是已知的能量。所以不能混爲一談。

其實這是一般常識，但至少在我們所知的範圍內，不能使用爲一般性發電。假設念力能自由自在使用，地球上不再有能源匱乏的問題。既稱爲自由能量機器，則無論念力或「氣」的能量，不以人爲媒介而能直接利用，就全無意義。

但問題在於最後的可能性卻無人思考。爲正確實驗，必須考慮遮斷念力。研究者們或許都非常認眞實行，但有關自由能量機器的實驗，技術性誤差或低次元誤解極多也是現實。因此，我對於世界上有否存在自由能量機器產生質疑。

然而，有時實驗者的念力變換爲能量之例也曾發生。因此，以此角度看，念力或精神都屬於能量。

反之，有關念力與「氣」的能量，能以科學解明其性質，或理論性背景，才能發現可有效利用這些能源的構造。如比二百年前，法拉第與麥克斯威爾解明電磁能量般。

但，仔細聽聽自由能量的研究者所言，多半未腳踏實地的努力，而一味地操作怪異機械；更未嚴格驗證反覆進行實驗，所以不能說踏實。

但，遲早人類眞正有效使用其能量時，會思考所發生的各種問題。似乎愛因斯坦曾說物質即能量般，波姆也說精神也是能量。只了解物質即能量就能製造核子彈，因此能了解精神即能量，也可能產生各種問題。

如前述，意念的力量使用不當就很危險，所以使用意念的力量一般化後，結果未必都是正面性。所謂精神的能量，會以各種形態產生作用。這就是意念的力量，或變成Karma法則般的形態。

依「他界」的科學論人生——你是否完全自我實現

閒話休提。我們的主題「命運能否改變」，其實，有些能變，有些是不能改變。

我們的人生，各自都完全能如願以償，以極深意識水平思考自己所想的人生，全部付諸實現。則患病者又如何呢？是否以疾病表現自己的人生。發生各種不幸，這也可說是自己的「意念」付諸實現。

因此，命運改變與否都無所謂，全部的人都完全依自己所想過自己的人生。將自己所想的現象投影在外界，完全實現。

「豈有此理。沒有人喜歡自己生病，也沒有人傻到希望自己發生不幸。」

也許，你會如此想。當然，意識的表面是如此。人人都盼健康的生涯，每天幸福地過日是多麼幸運等，祈願表層性的意識水平。

但，存在於意識深層的情感，自己絕對不了解。

表面存在於充滿ＥＧＯＨ的表層性意識。所謂表層性意識，認為我為何遭遇惡運，我為何如此不幸。很想改變人生，卻無法改變，自認為會發生不幸之事。但，眞正的深層心理，卻都是依自己所想，逐一付諸實現。這就是人生。

所以，坦白說，命運能否改變，這都無意義。完全如願以償的人生，即自己所想完全實現於外側。這即是依「他界科學」所看的人生論。

因此，爲排除前述種種討厭、困惱、不幸之事，若能依前所述，將否定性感情從自身排除，在那瞬間也會完全消失。

此即，所謂走出宗教性意味的Karma鎖鏈。如何擺脫自己心中否定性感情、否定性能量，這成爲今後的一個課題。在那場合，自己的基本態度，必然以「他界科學」觀點看「今世」的狀態。

在世紀末此言非常盛行，而與各種事情關連下被解釋，以奧姆事件爲代表心的不安時代，也是反映此背景而來。

今後，「這個世界」不知會變得如何？但我覺得擔心亦是多餘，所以毋須庸人自擾。

世紀末——不需擔心

在社會上所發生的現象，是深度水平意識所表現，而產生的現象。但我覺得沒有世紀末印象，一切順利進行。

不論社會主義、共產主義滅亡，或資本主義滅亡，以此角度看，人類能快樂的過日子。

不知社會將變得如何？但認爲這一切都是自己意念所造成，則完全不需擔憂，在世紀末會發生災禍。能坦然接受自己周圍所發生的各種事情而快樂的過生活。

至於，排除否定性感情的方法，如前述心理療法的方法論般，可嘗試各種療法。

我也嘗試各種方法，但只單純地消解壓抑，經常以輕鬆狀態作正確判斷，進行冥想法或呼吸法、氣功法、瑜伽等修行法，極有助益。

這與運動前，有規則的伸展暖身操，減少傷害身體痛苦的機率同理，普通生活中各種日常性訓練，對消除壓抑有效。

我採用「他界科學」觀點，展開命運論、人生論，但我的思想仍非完美，同時，我本身不斷思考也會轉變，所以不能斷言何者是眞實，而強迫各位接受。

有關此領域之事項，以近代科學化方法，無法驗證之事太多，所以不知何者是眞、何者是假。當然我不能強迫各位接受，但本身思考的結果，結論是如此。

我的想法，能值得各位參考，就已難能可貴。

第三章

科學與宗教能接近程度

——宇宙論、修行、超能力、死亡等問題

◆與松原泰道師之對談

最新宇宙論與佛教的宇宙論

天外　我想請教有關科學與宗教的宇宙論、宇宙觀之相異點爲何？

從科學的觀點追究，得到所謂「雷射攝影宇宙模式」結論。其實，這亦非科學領域既成定論的決定性學說，但至二十世紀，又發展的量子力學，提出各種新的假設。

由於物理學家所提出最新的宇宙模式，與佛經所記載宇宙模式極吻合，所以我們感覺驚訝！

與雷射攝影宇宙模式最接近，即是華嚴經，在華嚴經中所提的「事」與「理」。經中所說內容，與雷射攝影宇宙模式所說「明在系」、「暗在系」相對應般。由於「明在系」、「暗在系」這說法較難懂，因此，我以淺意的語句稱爲「今世」與「他界」，但彼此不僅內容相似，連表現方法也相同。

基本上，宇宙是由「今世」與「他界」所形成。或由事與理所成立。事與理爲一體，形成一個宇宙。我們普通所看的「今世」，亦即事，但同時存在理的世界，亦即「他界」也存在，這才是第一個重點。

我並沒有系統化學習，但閱讀解釋華嚴經綱要的書，結果發現所主張的事與理，與般若心經所提出的「色」與「空」相對應，您以爲如何？

松原　其實，你也知道，以往認爲經文都是釋尊所說，但是日本人發現那是錯誤的。華嚴經的作者是誰？依傳統的佛教記載，釋尊最初所說即是華嚴經。華嚴經、阿含、方等、般若，這是中國的看法，但前述，依全部釋尊所說觀點看，則「開悟」最初所說即是華嚴經。

但對聞經者而言，華嚴經太深奧無人能領悟。

以學術上而言，其內容極富哲學性，評價華嚴經，非是人說眞理，而是眞理說眞理般。釋迦牟尼佛一次也未出現。

經典並非由一人創作，而由數人結集而成。可能經過大衆討論而寫成，但確實古印

■松原泰道師簡歷■

一九〇七年出生於東京，畢業於早稻田大學文學院。在岐阜縣瑞龍寺修行。擔任臨濟宗妙心寺派教學院長，至一九七八年任龍源寺住持。現任日月庵座禪堂主管、佛教傳道教會理事。「南無會」會長，現在仍精力充沛至全國旅行演講。著有暢銷的『般若心經入門』、『松原泰道全集』（全六卷）、『我的歎異抄入門』等，多數作品。

度人極爲了不起。被公認爲都是最偉大的思想家。

天外 令人覺得他們都是物理學家。

松原 不論如何，古印度的思想極偉大。以前的世界觀，是以三千大千世界，或須彌山說，由地球的構造開始說起。古印度人，並非如日本人般接受抽象化的表現，例如「古時候」、「莫大的數」等抽象化表現不能接受，所以全部以實數性的數表現。這是我覺得繁瑣又麻煩，但今聽天外先生一番話，我覺得必須重新學習。

雷射攝影宇宙論與華嚴經的驚人吻合

松原 例如劫的思想。未來永劫的劫，意謂無限之意。這是有趣的概念，有一塊折算爲日本數字，直徑五十里立方的岩石，有一位仙人一百年降臨一次，以羽衣輕拭至全部岩石磨滅的時間爲單位，稱爲劫，這即是以具體性數字表示出。

天外 據說有人計算結果須費時數十億年。

松原 我不太了解圍棋，但在圍棋界有句專門的術語「劫取」，意指永遠分不出勝負。剛才所說的現象世界與「他界」、事的世界與理的世界、事與理的關係，形成你所了解的各種事項。事事無礙世界與理事無礙世界等，表示理與事維持平衡的理想，或許現今各種的法人「理事」地位，可能也含有相同的意義。

天外 原來如此，有這樣的由來嗎？其實，我認爲與前面所提的雷射攝影宇宙論一致，就是一即一切，一切即一的說法相同。

松原 理與事，即一爲一切，然後一切又成爲一。

天外 所謂雷射攝影，是爲立體像的攝影方法。在軟片上照射立體像，但將軟片變成一半立體像也不欠缺。只稍微不淸晰而已，其全體依然存在。即使軟片變成一百分之一，全體仍然會出現。故謂部分即全體、全體爲部分，這就是一即一切的狀態，也是事與理、「他界」與「今世」的關係。

這說法幾乎與華嚴經所說完全相同。提案雷射攝影宇宙模式的物理學家大衛・波姆，當初可能已全然了解華嚴經。但偶而從最先端的理論物理學家方面研究，調查結果才發覺與華嚴經所寫相同。

事事無礙意謂共生的思想

松原 事與理的關係在法華經裡有何種記載呢？例如，將諸法實相的森羅萬象，稱爲法。是梵語 dharma 的漢譯語，稱爲達摩。此是佛教上最獨特的思想，除意謂眞理與教義或規範等之外，也意謂森羅萬象，稱爲法。

這不僅看成事情或現象，而將事情、現象、森羅萬象等諸法，視爲眞理的象徵。

有時如此之心態也反映於藝術上。例如，日本畫的東山魁夷先生，將各種風景與存在的事物，全視爲眞理的象徵，如此般，在事裡顯現理，亦即描繪「他界」。眞正的畫家除描繪今世外，也能描繪出「他界」。不能只畫眼睛看得見的事象。

天外　在「今世」的任何微小之點，都將「他界」的一切全部呈現。以我們的科學用語表現，稱爲被摺疊。

松原　從華嚴經演變到法華經的諸法實相。因此眼睛所見之物，不僅是事物的外相而已。只追求物質的權威，本身即成爲汎神論，就會出現危險狀態。例如，認爲山中有精靈存在，因此用繩子圍住，或崇拜自然。

天外　汎靈論（animism）。

松原　對，會變成汎靈論。

以佛教的立場，物僅是物而已，但在物中尋找被隱藏的價値，並非其對象具有權威，而是自心有權威。

天外 權威在心中。

松原 產生佛心的作用。所謂佛心，一般人可能不了解，它意指純淨的人性機能。心的作用。將心視為固定化就會脫軌。由於不斷地在變動，所以依心的機能性、機動性之作用，才能找出物的意義，與汎神論的微妙區別即在此。

事事無礙此語出自華嚴經，這說法很有趣。互相無礙才能達到「宇宙是全體共生」的境界，表示雖然草、木、蟲、人、一切都獨立生存，但個別又須互助才能生存，一面共生，一面使事與事互相不妨礙，此即事事無礙的概念。

如此事與理的關係非常有趣。

欲說明基子論，「他界」存在的假定不可或缺

天外 總之，以現代科學欲說明基子的世界，不僅談到「今世」，亦須假定有「他界」，否則無法說明。「今世」與「他界」的關係，與華嚴經所言相同。我們還是利用數學的技術世界之方法說明，較易理解。

在「今世」的任何微細之點，一切都被摺疊在「他界」的概念，使用正交變換或積分變換，以數式表達。這方法是一般人無法了解，但了解數式的人即能一目了然，「他

界」與「今世」的關係，即是如此。

松原　能否用文字表達。例如，α、β、γ之表象。

天外　能以積分表達。由於如此，到了「他界」，一切成爲一體。我與你一體、物也是一體、一切都成一體。結果才了解只能依坐禪或冥想的感覺性把握他界的情形。以此角度看，「他界」的終極，或宇宙的終極，全部成爲一體的形態，可以理論的方式，理解到某程度。

但，我尚不太了解的是靈界之想法。所謂靈界，是尙存有個體。例如平維盛的靈魂，意謂名言假立的平維盛還存在之意。

靈界與華嚴經所說的理，或色即是空之關係，在佛敎上如何掌握。

有關靈魂之解釋

松原　如果將後世才混合的各種思想摒除不談，而以最純淨的佛敎思想而言，並不認定我們現在所說的靈魂存在。亦即，未將靈魂與肉體以相對性區分，因此肉體滅亡靈魂也就全部消失。以最純淨的方式思考即如此。

其後，在引入中國之前，據說本來在印度並無如此思想，但可能站在崇拜祖先的觀點，認爲沒有顧慮靈魂的存在行不通。因此，折衷成「人死後，心、肉體全部消失」。這就是原始佛敎最純淨的思想。但並非一切都消失，僅有Karma仍存在。業依然存在。

然後，爲慰藉其業、或指導，而展開供養形態。由於如此，恨及其他一切才全部消失。由於不能接受欲供養的對象全然不存在，因此才依釋尊的內觀，死亡後會在十二因緣內徘徊，或在死亡至四十九日間的中有之間，因而創造靈魂界的概念。

天外　中有與中陰相同嗎？

松原　相同。

天外　與西藏密敎所主張的帕爾多（pardo）相同嗎？·四十九日間個是否殘存。

松原　是的。個仍須繼續供養。其實佛敎不能稱爲宗敎。本來是一種思想而非宗敎。但轉變成宗敎性體驗，如果沒有具備這種概念，就趕不上時代。

據說數字的七，在印度意謂無限，但自釋尊開悟以後，七×七的四十九日間，每隔七日改變場所進行冥想。因此與死後四十九日個仍存在一致。

天外　在雷射攝影宇宙論所主張宇宙模式，或在深層心理學主張的集合性無意識，所說都是相同的內容。

松原　在佛敎裡，阿賴耶識是否即爲潛在意識。

天外　如此般的思想，認爲最後在他界一切都融合。沒有你我，所以也沒有個與靈魂的存在。因此，與佛教的思想吻合。話雖如此，靈界可比喻爲我們常說的「他界」與「今世」之間瘡痂，在其中間如瘡痂存在薄薄的一層，即是我們所說的靈界，我經常如此說明。

禪病、魔境——可能預防

天外　爲何比喻爲瘡痂，其實這理論並無邏輯性，但進行冥想時，有人會進入靈界。連初學者也有此現象，如靈魂出竅、或閉目進入冥想，就聽見他人的呼吸聲，因爲害怕所以不敢再冥想。

其實，因此而中斷冥想太可惜，但聽他們說明，才了解一進入靈界時，心理不安而出現雜念的狀態。但如果使用意念冥想，回饋其意念，即能擺脫靈界；如果使用曼陀羅（眞言）進行冥想時，則繼續持誦眞言，也能擺脫。

我本身未曾進入靈界，但據有此體驗者說，其領域感覺好像一層薄薄的領域。令人感覺在「他界」與「今世」間，有所謂靈界般的領域存在。

松原　那種狀態，與我相同，稱爲禪病而摒棄。

閱讀白隱禪師所寫禪書，坐禪聽到紙門嘎嘎響，或佛降臨，昔之禪者拔刀砍殺，這是患禪病者共有之描述。

天外　泰道先生，您本身在修行中有禪病否？或進入魔境的經驗呢？

松原　沒有，因我特別警戒。同時眼前所見之例太多了。

天外　有何秘訣可預防。

松原　所謂秘訣就是持戒，或預先了解那境界是錯誤，就可避免，但也有人相反，想追求這境界。希望很快體驗這境界，且被神附身……（笑聲）。

天外　現在患禪病的人很多嗎？

松原　有啊！雖不是很多，但經常可見。其一例，是變成人人厭惡的傲慢態度。這也是禪病，坐禪所造成最惡劣的狀態。以爲自己一個人就能開悟，此即親鸞所說的自力。本來禪不認定是所謂自力，否定自己能開悟。年輕時的白隱禪師是典型之例。這狀況使神經衰弱更惡化。目前，多半的僧堂中，十二月一日至八日期間，有非常嚴格的修行。這稱爲臘八。臘八接心。

不僅臨濟宗實行，曹洞宗也如此，這是爲紀念釋尊於十二月八日黎明，目睹星空「開悟」，所以自十二月一日到八日，只是坐禪，不誦經也不打掃，僅是坐禪而已。

夜不倒單。自晚上九時被前輩逐出外面，然後又再徹夜坐禪。

天外 在外面坐禪嗎？

松原 在嚴寒中。

天外 那很嚴格。

松原 雖非艱難苦行，但很嚴厲。那是造成一種神經官能性禪病的原因。有時也會有人發瘋。如此之悲劇不少。因此，前輩們感覺「此人有些異常，就會加以防範」，但前輩本身也熱衷修行，所以有異常時也不易發現。

其實，當我本身感覺出現奇蹟時，就會警惕這是禪病的入口。然後對應方法有別。認爲奇蹟也是一種迷惑，而予以克服就沒有危險，與奧姆眞理教的生活方式，認爲奇蹟是最高境地，二者迥然不同。

不要盲從的追求奇蹟出現，否定奇蹟並且超越它，向前邁進才是最重要。人人都如此，進行較嚴格的修行，這道理都能感受。

學會禪病的克服法，才能防範悲劇

天外 所謂禪病，有具體的症狀出現嗎？

松原　閱讀白隱禪師的『夜船閒話』中，有記載不知何因身體的肺遭受侵害。

天外　有記述肺發熱的情形。

松原　肺部發熱。使痔瘡惡化也是當然的。

天外　因爲坐禪的原故嗎？

松原　有些宗教主張邪教的末路該如此，攻擊坐禪者必會患肺病。因此，剛才所說，如日蓮宗所說禪天魔，本人並沒有感覺，但態度會變成傲慢。

天外　由於發生各種不可思議現象，因此自以爲了不起而產生傲慢。奥姆眞理教可能屬於其一種。

松原　從前有一則笑話，這是眞理，其內容如下。

一休時的禪病患者，主張「我就是佛」，認爲「經書只是一種紙罷了」，將經書做爲廁所用紙。由於如此，周圍的人加以勸諫，但因傲慢之故，而全然不接受。

周圍的人不勝困惱而請求一休和尚設法解困，一休和尚膜拜此人，說「你是佛」，對方聞言愈來愈得意。然後一休和尚，說「用寫字的書紙擦佛的屁股太不恭敬了，應該使用白紙擦屁股」（笑聲）。原來古代也有相似的例子。

天外　眞有此事嗎？太有趣了。除傲慢外，還有何種現象。看見幻覺嗎？

松原　那是明顯的感覺。

天外　也能預見未來嗎？

松原　自然而然看見未來。預見未來之事，這即那種宗派（奧姆眞理教）所主張會出現奇跡。但在我的記憶中，並無因坐禪而傲慢的現象（笑聲）。

如果感覺「已開悟」，正是未開悟的最佳證據

松原　這只是一則笑話而已，當我進行臘八接心夜坐修行時所發生的事，尤其十二月八日，在室外徹夜坐禪到天明，至金（晨）星出現才結束。釋尊因目睹天明時金星出現突然開悟，因此大家才去模仿，我的朋友富有幽默感，約我一起到室外坐禪。其中一男衆，在天明時用手肘輕撞，呼叫我的名字「我開悟了」。所謂開悟，其實正是未開悟（笑聲）。由於他充分了解這道理，故意和我開玩笑；但也有人以明信片通知衆親友「我開悟了」。

天外　有這回事嗎？這表示充分了解，伴隨修行而產生危險性的歷史綿綿留存。但預先了解有此現象，就能防範如奧姆教事件，減少新興宗教的悲劇。

松原　其實，我對該事件覺得有責任感，由於我的能力不足，無法將正確佛教的十

二分說傳布，而令那些人誤入歧途，內心深感愧疚。所以，一有機會就應傳播眞正的佛教。

天外　那就多拜託了。

要省悟有另一個自己——現在的我也同時生存於「他界」

松原　不論禪病或冥想，會受幻覺困惱都是自己所造。事實上，修行達某種程度，自然就能達彼界之入口。

沒有特殊情形下也能去。

即使產生幻覺時，能自覺「你目前正處於幻覺狀態」，自覺有另一個自己最重要。因此，鈴木大拙先生說應省悟，在你心中還有另一個自己。未達此境界，表示還未入道。但以爲這境界就是開悟，則變成傲慢。應發現有另一個自己在批判自己。

我經常告訴人，坐禪的坐字，是在土上有二人坐著，這意味與自己面對、對話。

與此相似內容，有如下一則故事。

很久以前，在學習院大學的某生，無論到社會哪個角落都需接受痛苦的試驗，因此想忘記現實、逃避現實，在想忘記一切的念頭下，終於罹患健忘症。

在寒冬時流浪到博多志摩海岸而受警方保護，據說已忘失記憶，什麼都全部忘記。警察無奈，只得以志摩太郎之名收容保護。但不論醫師如何治療，都不能回復以往的記憶。由於，聽到同室患者收聽廣播時所播放的某曲子。那是志摩太郎君最喜愛的曲子。聽後，忘失的記憶全部回復。

其病症稱爲限定性健忘症。但偶然間聽到他所喜愛的音樂，說頭很痛，經醫師診察後，將自己的姓名、住何處、以及來此的目的，全部想起來。連電話號碼也能記憶，因此打電話到東京請雙親來接回家。

最重要的是下面部分，對採訪記者說：「我忘失了一切記憶。後來發現把一切都記憶的卻是另一個自己。」

天外　這與您所著書中，提到俵萬智先生唱的歌，歌詞「有一個我看著哭泣的我很驚訝」，就是與此心境相同。

松原　在詩方面，也有如您所說情形，你即我，我即你，這即禪主張「融入」的想法。

以詩的用語稱爲「融入」。以花爲對象將自己融入花。

在繪畫方面，也有如雪舟畫鶴的典故，有人到畫室看畫，沒有見到雪舟，卻看見鶴的著名傳說，那是完全與鶴融為一體。如果雪舟的意識中，有「我現在正描繪鶴」，就不能產生如此之傑作。

與對象同化。雖然是在寫生，但同時也融入對方。

西遊記中的魔物

天外　有關魔境還有一問題不太了解，即在西遊記所出現的魔物，究竟是什麼？有二種解釋，其一表示佛教修行者遭遇魔境。

另一種是，據說當時印度教相當墮落，所以表示與印度教的僧侶一邊作戰，一面取經的經過。例如，有活祭品出現，在佛教是禁止的，但印度教卻經常使用，有時將活生生的人作爲祭品，顯示當時印度教墮落之狀況。

松原　以佛教經典的立場，象徵釋尊內在的煩惱、內在的誘惑……不想再修行，有關性慾與食慾、在自己心中所產生不好的衝動、具體性惡魔。

因此，十二月八日最後開悟前的夜晚與「惡魔問答」，國王以名位誘惑，「年輕人，不要再修行了，到我這裡繼承王位。」或以食物利誘「給你吃」。在當中也有脫衣舞孃的色誘。還有很多惡魔的攻擊，很精彩的一齣戲。

天外　那部經書裡有記載？

松原　據說在中國的大方廣佛華嚴經。

因此要如岡本香乃子般，彷佛閱讀戲曲般透過閱讀才能了解。只看文字解釋無意識。變成很醜惡的狀態。

天外　但，那也是陷入魔境。

松原　也可解釋爲魔境。

天外　我也曾閱讀印度教僧侶所寫的數本著作，描述在幻覺中經常出現裸體女性。

松原　因此，冥想中也會出現魔境。

天外　大家都爲此而苦惱，我也是煩惱的化身，所以能單純的見到魔境很好。但不應視爲色情魅力，因爲進入魔境也有負面影響。

松原　兩者都能掌控爲要。內在的煩惱，與冥想錯誤所進入的魔境都能壓制最重要。有關此問題，在禪書『碧嚴錄』第一卷的末尾，附有「夾山無礙禪師降魔表」一章。

惡魔是妨礙佛道修行的內外煩惱。將佛敎敎義的六波羅蜜、八正道的修行力全部人格化，使惡魔降伏的宣言文即降魔表。稱爲表，即表示奉上天子的上奏文之形態。

釋尊爲何封閉超能力

天外　據說超能力高強的弟子，被釋尊逐出師門。

松原　啊！是賓頭盧尊者。

天外　他因不能進入，所以一直在庭院中等待。

松原　如果以我們這裡爲比喻，例如，川崎的大師廟，在大殿的走廊下放置此像供奉。由於被釋尊叱責，而逐出寺外。

據說他具有治療各種疾病的超能力。因此，迷信膜拜其像就能治病。例如，我的眼睛壞了，將擦自己眼睛的手擦拭賓頭盧尊者的眼睛，再拭自己的眼睛。即迷信以賓頭盧尊者的眼睛，代替自己壞的眼睛。結果，反將各種人的病原菌混合，而使眼睛更惡化（笑聲）。爲避免產生這情形，如今，周圍都安裝網子。

正式名稱爲十六羅漢的第一尊者賓度羅跋羅惰闍，不僅賓頭盧而已，凡使用神通力者，釋尊都全部拒絕。如經典所記載，自己亦隱藏各種神通力，故意不使用。

天外　他沒有治療疾病行爲嗎？

松原　嗯！他不使用。

天外　這與基督有些不同。

松原　如果賓頭盧信仰過於鼎盛，即脫離佛教的本道，同時崇拜神通力與超能力，恐再度造成如奧姆教事件。認爲只要能治癒自己的疾病，其餘一切皆可不理睬，太過分……。

法華經或觀音經也有記載逃離火難、水難的利益，而利益的接受方法有事釋與理釋二種。例如，只念觀音菩薩，遭遇火災不會被燒傷，遭遇水災也不會溺斃。如此般，合乎事實之利益稱爲事釋。至於理釋象徵治癒心病或煩惱。

事釋屬於現世利益。理釋則是高次元心的利益。

我覺得，逃離火難、治癒病苦是一種利益，但以全體人口看，只是有限的人獲救，大部分的人不能得救，所以不能說佛教眞正的利益。

凡是人，任誰也不例外，都能逃避災難，才是眞正的利益。

這也意謂，並非實際上的火災、水災，而是如忿怒之火、愛慾的水難等，任何人都會遭遇。能避免才是眞正的佛教，這是我的想法。

我並非說事釋不對。但要達到理釋，必須由事釋入門。

從現世利益獲得正確信念

天外　聽說空海替許多人治療疾病，從佛教觀點如何解釋……。

松原　也是屬於事釋。空海（弘法大師）透過身體疾病治癒的因緣，指導衆生產生正確的信。若不是如此心念，就變成異端。

此外，空海也從事慈善事業與興建土木事業等社會事業。不論救濟或事業，以適宜的佛教思想開發人類的心。

天外　聽說到處興建治病用溫泉，同時也用手運氣治療。

松原　阪村眞民先生的詩「病使我打開另一隻眼睛」。心眼打開才能得到眞正的利益。由於被現世的色界所拘，所以很難達此境界。但也不能將現世利益視爲最高理想。

天外　是否經文中提及不稱許追求如此般之超能力。

松原　法華經即是。另外，以日本人爲對象，淺易說法的有親鸞的『正像末淨土和讚』，在書中嚴厲的禁戒各種占卜或選擇黃道吉日。同時也嚴厲責難寺廟從事各種迷信活動。

「令人悲傷啊！寺廟進行道俗的／選擇良時吉日，或／崇拜天神地祇／占卜祭祀爲業」。沒有人如親鸞般，嚴厲勸戒迷信。

在佛教裡記載，當釋尊臨終時，本來綻放的娑羅雙樹花開始枯萎，弟子們的顏色改變，聆聽釋尊最後勸戒。不要介意，此乃自然現象（大般涅槃經）。

釋尊也禁止葬禮。告弟子：即使我死亡也與大衆無關，不要悲傷。

天外 在正法眼藏中，記載各種超能力。進入深度冥想會產生意識擴大現象，即使沒有實際親見也能了解各地所發生的事，這可能是一種超感覺。

松原 肯定會有感覺。

天外 這是否在經文中沒有記載。這是超感覺。

松原 在許多經文中出現六神通等之神通力的概念。如法華經有特別記載，但依佛教教義解釋神通力，意味「開悟」所得之機能。「證悟」時所得之機能力即神通力。因此，並非以意念令湯匙彎曲之意。而是因「證悟」自然而得，沒有執著的自由作用。釋尊使用神通力，可自由自在地到各處。例如，有關王舍城的悲劇，即阿闍王殺父、殺母。但在靈鷲山釋尊感受到而宣說觀無量壽經。

因此，本身相當發揮神通力。

天外 那是瞬間移動、意念移動物體能力、或能看見數千公里以外的透視能力。

松原　天外先生，如您所說，不能只是一直停留在安樂中。所謂超越性的能力並非眞正「證悟」。而需再度入娑婆，拯救痛苦的衆生。這即稱爲菩薩，但菩薩有二種含意。

例如，中里介山的長篇小說『大菩薩嶺』的扉頁，寫著「上求菩提下化衆生」之詞句。上求菩提即爲菩薩。佛雖已成如來，但不能住於涅槃，而應再度下山。能如此走下也稱爲菩薩。

區分爲上下，再度下山救人，這也是菩薩。

至於大乘佛敎是以其後半爲重點。無論如何，將平平凡凡看爲不可思議，而又能顯現平凡，才是眞正的修行。必須再走回來一次。

自私與信仰的界限

松原　例如，祈求「我的兒子能通過入學考試」，我也會做。但必須思考，像這般的自私，能否稱爲信仰。

祈願自己的孩子上榜，表示有人名落孫山。如此犧牲他人而拚命祈求自己的幸福，可否稱爲信仰。只稍微思考就能了解那是錯誤的。

其實，能祈願大家幸福，自己必然也得救。這點親鸞也嚴厲主張。「親鸞，從未爲了孝養父母恩而念佛祈求」（驚異抄、第五條）。

只是祈願衆生都能得救，自己的雙親也必然得救。這點不論宗旨、宗教如何都相同主張。

我從未看過奧姆眞理教的任何經典，只看到報紙或媒體的報導，所以不了解眞實情形，但假定信仰該宗教者才能得救，表示非眞正的宗教。因爲連敵人也要度化。

宗教、科學都必須「回歸原點」

天外　依我們的看法，佛教界的人士，所了解的內容實在了不起，但對科學方面似乎很客氣。

松原　並非客氣不說，而是包括我在內，可能都不太了解科學，也不想去學習。例如，哲學家西谷啓治先生，嚴厲批判「無現代化之宗教」。

天外　今日我有幸聽您開示佛教的眞髓，感覺也很新鮮，但一般談論佛教，多半提出與近代科學無矛盾部分談論。

松原　其實，可能是爲迎合時代要求。

天外　一般人聽到「科學」時，總是連想到以牛頓力學爲基本的合理化科學體系。但，其實這都只是至十九世紀的常識，現在最先端科學已愈來愈接近宗教。

例如，沒有擁有電子等是一個粒子，同時也能變成一百個或一千個的前提條件下，無法想像。若不理解此點，則量子力學即不能成立。

但一般人卻無法理解。所以希望大家能先了解這道理。否則就會如某教授般，對自己所不了解的，即全盤否定，走向偏激的思想。如果只被到十九世紀之前的牛頓力學才是正確的落伍常識所縛，可能會將宗教所主張、或坐禪、冥想的神秘體驗，全部否定。

現實上，以如此般表面化的科學觀成爲現代社會的基礎，所以才被認爲科學與宗教互相矛盾。反過來被稱爲「無宗教之現代」。

對於「非科學化」說法產生強烈拒絕反應，然而在每個人的心靈深處都在追求宗教，因此形成大矛盾。

在矛盾中，產生如奧姆般標榜「科學化」的邪教，年輕人立即趨之若鶩。

其實奧姆，不論在宗教或科學方面都是半調子。如剛才松原先生所說，因禪病而變成傲慢的典型狀態。那是既存的宗教界都了解此一邪教。

其實既存的宗教中，很多宗派過去也發生許多失敗情形。在其中自然形成戒律，也學會如何控制如禪病般的狀態。但一般人卻完全上當。

雖然標榜科學化，但奧姆眞理教卻未掌握新科學的眞髓。

松原 聽了先生的說明，令人感覺不學習科學不行。以我的年齡太老了，可能趕不上。如今聽您的說明，我想再閱讀華嚴經（笑聲）。

天外 非常奧妙，包括我們很多科學家都覺得驚訝，所寫之內容太了不起。

松原 不要稱爲華嚴哲學，而應稱華嚴科學較恰當。

天外 說的也是。

松原 佛教界將華嚴視爲哲學。

天外 如果繼續以科學層面追究華嚴經，可能會發現許多新事實。在經文中處處也有記載神秘之理論，至今才慢慢被註解。因此我認爲，今後的社會愈來愈有趣。

松原 一面聽您說明，一面使我感覺，科學與宗教都必須回歸大自然不可思議的故鄉。

天外 說的也是。

松原 宗教、科學都必須回歸故鄉。

天外　這句話很有意義。的確沒有回歸故鄉不行。實際上希臘時代的科學與神秘主義一致。然而在十七世紀時，歐洲物與心分離。至今經過三百年期間，又面臨一致的傾向。這意謂人類歷史上，物與心分離思考，僅有三百年而已。僅是極短暫的瞬間。

松原　區分物與心，是否即爲法國哲學的系統。

天外　是的，笛卡爾即是。其實這是爲逃避爲目的。因爲過去宗教一直彈壓科學展開血腥戰爭，所以主張由科學界坦護而逃避危險。

松原　究竟何方逃避?宗教或科學呢?

天外　雙方都逃避。由於宗教也不主張宇宙模式。實際上，宗教原本主張宇宙模式。但由今日眼光看，其主張之正確令人訝異。然而分離後即不再主張。同時，科學也逃避。如此般物與心分離已經三百年。之後，依近數十年的成果，有人認爲主張分離思考太奇怪了。

松原　物心一體之主張有多久呢?

天外　頂多是近三十年左右。

松原　那是最近的事了。

天外　是啊!可說剛剛開始而已。所以今後要邁入有趣的時代。以此角度回歸故鄉，回歸三百年前之原點。

自然死，有時因腦內麻藥而無痛苦的死亡

天外　最近發現許多實相，例如，您剛才所提，因禪病而出現各種幻覺，而爲何出現幻覺的原因也已經被發現。

這是，由於分泌β—內啡肽的「腦內麻醉物質」所引起的作用，所以才產生幻覺，或發生各種事情。使用藥物會破壞重要神經，其使人類即使不使用藥，自己本身也能分泌。亦即依靠修行而分泌，這完全無害。

松原　曾經有計測坐禪中的腦波。

天外　進行坐禪般的冥想法，腦波會呈現寂靜化，也能分泌某種物質。分泌的物質是在身體中自行製造，如今已發現有二十種類。

所分泌的物質各個不同，其中最強力的是β—內啡肽。

例如，對末期癌患者等，使用如嗎啡般的強烈鎮劑。其實β——內啡肽的強力是嗎啡的五倍以上。由於體內能分泌如此物質，所以疼痛消失，感覺舒暢而出現幻覺。實則冥想中也會出現，另一種狀態時也會分泌。

那就是死亡時。人體的結構的確令人覺得奧秘，如死亡時，必然會分泌緩和痛苦的物質。這是最近發現的事實。

β—內啡肽物質是一九七六年所發現，這也是最近所發生。人類自然死時會分泌此物質，所以能安詳死亡，這就是人體的結構。

松原　人體具備自癒效果的物質。

天外　是的，如果能分泌此物質可提高免疫力，有疾病處也能自然痊癒。依仙道之說法，從二千年即主張，內丹可依訓練在自己體內製作的藥，它可能即今所說之腦內麻醉物質。亦即自古就了解能分泌這種物質，在坐禪或冥想時最容易分泌出。能自由分泌的狀態，對人類而言是最舒適的狀態。不僅提高免疫力，同時也能治癒疾病，令人感覺舒暢。

在「醫院死亡」就是不幸

天外　考慮這問題，是因現今治療疾病的方法，多半在醫院集中治療室進行，全身插上各種管子，注射鎮痛效果的痲藥，而非依靠自己腦內的痲醉物質。由於如此，身體本來的機能就無法發揮，在矇朧狀態下步入死亡。這種死亡的方式是否眞正的死亡，令人疑惑。

松原　到了醫院就不是患者，只是件物體罷了。

天外　說的也是。以物體方式對應。

我喪父時，切身感受痛苦。家父處事周詳，預先建造墓，連葬禮使用的相片也預備好，然後住院，對探病者感謝。

但臨危時，被送至加護病房，全身插滿管子注射痲藥。但在無意識中自己拔除管子，雙手被綁在床沿。由於如此，他的心完全封閉，雖然意識尚存，但陷入心無法交流的狀態下死亡。這點令我很遺憾。令我感覺能維持在自然的狀態下，送他離開世間多麼好。所以，現在我對人類死亡方式非常有興趣，等我再多學一段期間後，想成立「死亡方法教室」（笑聲）。

松原　其實，我也想在自己家中迎接死亡。

坐亡與立亡

天外　印度教僧侶所稱摩訶三曼多這話，意指宣布自己何年何月何日何時死亡，而進行宴客。繞行三圈面向北方冥想，在冥想中死亡成爲一種風俗。據說死亡時，有專用的咒語。當然我不能隨意說出（笑聲）。

松原　會被召喚。

天外　據說坐禪法門中有坐亡方式。

松原　也有立亡的方式，即站等死亡。

天外　最近類似之例還很多。

松原　坐亡的方式偶爾會聽說。可能在古代可以完全預知死期。不限於禪的領域。西行法師也有詩：「祈願在春季的花下死亡、在陰曆二月的十五夜」，所謂如月的望月，即二月的十五日。亦即在釋尊的涅槃日死亡，實際上只相差一日的二月十六日死亡。

近來，在三島龍澤寺，有位與世間學問完全無緣，為我眞正尊敬的老師山本玄峰先生。他期待最後能依自己所期盼的日子死亡。

山本玄峰先生於一九六〇年的十二月二十五日開始斷水，宣告死期，但有人對他說「您過年時死令人困惱。衆人很迷惑」，那麼我就多活些時候（笑聲）。

我多活些時日，選擇不冷不熱時候，使我這一世的戲閉幕，然後停止斷食。

翌年的五月底我的朋友去拜訪老師，告辭時說：我六月五日再來探望您，笑答：

「下次我們在龍澤寺總堂會面」。他最後的一句話，是「我要外出旅行。準備衣物」。然後，在一九六一年的六月三日死亡。

曾經有位棋界名人升田幸三，參見山本玄峰老師時，有則著名的典故。升田名人在大阪的某禮拜堂的開幕式時，偶然遇見玄峰老師，見其背後，無隙可乘而驚訝，在那一瞬間感覺「此人非凡夫，非常了不起」。

然後得知他就是山本玄峰老師，可能會到大阪朝日新聞處，升田名人立即拜訪朝日新聞的總編，對總編說：「名人來了嗎？讓我會見名人！」

總編目瞪口呆：「名人是誰，名人不就是你嗎？」

升田先生說：「我所說的名人是眞實的名人。人生的名人。」

之後，升田名人非常崇拜玄峰老師，經常往龍澤寺拜訪。

另外一則故事，是在京都的妙心寺。它的開山祖師無相大師的傳說故事。

無相大師的繼承人，是南朝的中心人物藤原藤房（出家名號授翁）。

無相大師後期到妙心寺旁，稱爲風水泉的古井戶，傳授弟子授翁禪法，傳法結束後，以行腳的服裝站立姿態死亡。

另外，這也是古代的傳說，一五八二年，甲斐的慧林寺（現在鹽山市）被織田信長的兵火焚燒。當時的住持快川和尚，唸著中國詩人杜荀鶴的詩之一節「心頭滅卻，火自涼」，而以坐禪之姿被燒死，爲著名坐亡之例。

天外　壯烈的故事。

松原　的確很壯烈。

天外　我曾調查過以坐亡方式死亡者，發現僅江戶時代的天海僧正。

松原　天海僧正，是天台宗。沒錯，他是坐亡。

天外　其實在古代有許多例子。但我們一般人要坐亡很困難。

死亡的意義是什麽？

天外　何謂死亡？有關死亡，最近有如此之想法。

人初生時，最初穿著的衣服爲肉體。穿上尿布、衣服之前，必須先穿肉體否則無法出生。其實稱爲肉體的衣服，是非常美妙的。當然也會隨著年齡增長而更換，但仍屬一種衣服，而最終必須脫掉。脫掉時表示死亡。

但我仍不解的是，我是科學家，因此以雷射攝影宇宙模式爲原點思考，在「他界」是沒有時間的世界。沒有時間，過去、現在、未來都被摺疊。此即意謂不生不滅，不增不滅。

由於如此，以「今世」的眼光看就成爲死後的世界，但從「他界」的觀點看，今世本來並無時間存在，所以不可能有死的現象或死後的觀念。

現在，我們生於「今世」，即存在於「空」的世界、「理」的世界，也生於「他界」的世界。亦即，思考我們也活在「他界」的場合，從彼岸沒有時間的世界看，也沒有死亡的存在。

死亡的現象，只存在於「今世」而已，至於死後的世界只是「今世」的解釋，在「他界」並無死後的世界存在。這點我全然不明白。

松原　總之，依您剛才所說並無死亡這句話，使我聯想，今日搭新幹線閱讀週刊雜誌時，所看的一篇報導，「舉凡生物，死時立即再生」。

您所說的內容也是相同。要把衣著脫掉，猶如重新更衣妝扮般（笑聲）。

爲何，人生於「今世」？

天外　即使脫下衣服，卻馬上又穿上新襯衫。如此般快速又投胎到底爲什麼？爲何人會出生於「今世」？

松原 嗯，這究竟是什麼道理？

天外 在「他界」大家都在一起，又充滿佛性，令人心怡。所以不須再投生。

松原 這可能是神召喚之故。依佛教阿彌陀經記載，死後往生阿彌陀的淨土，與淨土的人會合，稱爲俱會一處，表示在蓮花上一起出生。

天外 依西藏密宗儀式，死亡前請僧侶在病人枕邊誦經。師父您也被邀請去誦經嗎？

松原 臨終說法，對平時有交往的人才有感應，只是認爲「家父臨危，請您來誦經」，這就很難溝通。這就是不可臨時抱佛腳。

天外 熬夜用功也不行嗎（笑聲）？

松原 突然看見平時不曾謀面的人，很難說出彼此相應的話。由於平時的交往，所以不論說什麼或開玩笑都容易溝通。

前些日子，有位很熟識的人被告知罹患癌症。與我長久來往，所以我開玩笑說「生命不分老少，既然你欲先行，我也很無奈，日後我必同行，你先替我佔個有陽光的地方」（笑聲）。「好，我會替你佔個好位子。」

認識聖經

天外　聽說松原先生您隨身攜帶聖經，並且經常閱讀。它對經的解釋也有助益令我訝異。

松原　爲什麼？

天外　信仰佛教者，如師父般置聖經於座右而閱讀的人很稀少。

松原　我對聖經的認識，是在戰爭中，一家藤倉製絲織品的公司，替海軍製作降落傘。其研習會曾在我的寺院進行，當時的講師是村岡花子女士。

村岡女士是有名的兒童文學作家。廣播電台開始普遍時期，負責「兒童新聞」節目，所以被孩子暱稱爲「收音機歐巴桑」，廣受兒童歡迎。

村岡花子女士的服裝很獨特，險些被我家女傭擯逐。主辦者委託她「由於要製作降落傘，請與員工們談談敬業精神」，但村岡花子女士雖身處戰爭中，她所說的內容，卻與現實反向「請多保重生命」，她的話令我感動。後來回到客廳，邊奉茶邊對她說「村岡女士，我比年輕女子更受感動，表示您曾經吃過苦」，她回答「當僧侶的人好厲害」，接著談論她自己的體驗。

村岡花子在當時的文壇極爲著名，已婚，丈夫的事業也很成功，所以她覺得社會相當單純。因爲自己很快就成名，丈夫事業也很成功，但好景不常，不久就遭到挫折。第一次的挫折是關東大地震。丈夫所經營的公司、工廠全部毀塌。但勉強又東山再起。

「然而，當孩子死亡時，就很難再振作」，『母心抄』是她送我的她的著作。其內容描述村岡女士某次受託去演講。由於要到當日無回家的遠地，故臨行對六歲的兒子說「今晚不回來，要乖乖在家」。眞奇怪，當時孩子竟哭泣不停，不願與村岡女士分離，但仍硬著心斥責小孩不要任性，隨即離開。

翌日返家，不見孩子出來迎接，卻在孩子房間看見祭祀孩子的骨灰。她很震驚詢問丈夫，「妳出門後不久，即在公司接到孩子病危的電話。立即趕回家。感染急性吐瀉症，無藥可救。由於感染疫痢，所以遺骸不能運回家，而送去火化，僅攜回骨灰。可能還溫熱，妳抱抱他吧！」

抱著孩子的遺骨，頓覺財產、地位、名譽一切都無意義。當時，本想追隨孩子而去——。

那時村岡花子脫口而出新約聖經的話語「神愛世人，甚至將祂的獨子賜給他們」

（約翰傳三・一六）。其實，不論生育多少孩子，也不忍心送人領養。但，神將唯一的獨生子耶穌無悔的捐獻給這世界，所以祂是博愛的世界。

她依神的教示而發覺，不能因自己的獨子死亡，而持續陷於哀傷中。村岡花子，「將這些內容告訴員工們，要好好珍惜生命」。之後，我也開始閱讀聖經。

從前聖經的文體難懂，但閱讀習慣後，深受其莊嚴的格調所感動。但現在口譯爲白話，所以諸位不妨閱讀一番。

其實，最早與聖經結緣是在戰前。我初被總寺任命爲傳敎師，是在一九三八年的春天，到紀州的新宮。

在新宮市清閑院，與同齡的牧師熊谷直俊先生，談論一整夜。由於如此，當時才對「佛敎的思想」與「基督敎的思想」的異、同點有進一步了解。人類的愛心亦如此，不一定彼此投緣才產生親密感，理解包容彼此的差異，也能產生親密感。

將不同次元的思想互相理解，才產生深刻的愛。我們感覺強烈的吸引力，彼此興致勃勃地交談。那位牧師很年輕，我也很年輕。當時還沒有我自己的著作，所以贈送他，我隨身所帶的書，那位年輕的牧師熊谷先生，也回贈我新約聖經，如今書面已褪色。

天外　還保存著嗎？

松原　當然。我經常放在左右，他在書上題字「我由衷祈願天父耶穌，引導眞理的探究者——您到達彼岸。一九三八年三月十一日熊谷直俊」。

天外　眞令人感動。

佛教與基督教

松原　有關佛敎經典與聖經之關係，特別令我感動的是，佛敎經典比喩很多。其中最典型的是法華經。無論閱讀哪一頁，都看不到教條。

「如果這還算是經典，則說故事或相聲也都成爲經文」，年輕時的白隱和尚很失望，至於國學家都輕蔑佛敎經典。但，本來故事、相聲也能如經文般獲得啓示。因此，法華經容易被誤解是無意義的經典。

白隱禪師十六歲時閱讀法華經，認爲只是一些比喩而已，不值得稱爲經文而棄捨。但白隱禪師卻還有機緣再度閱讀。然而，其他的人，都因輕蔑而摒棄法華經。白隱禪師四十二歲時，因奉上師命令而閱讀法華經。

本來他對法華經認爲比喩太多而棄捨，尤其是其中的比喩品。故名思義即比喩章節。雖在十六歲時就已閱讀，但不解其意——即剛才所說事理無礙狀態——坐禪時聽見蟋蟀叫聲，而體悟這是眞正的佛法。人未到年長是無法達到這境界。

其實，在聖經裡也有相同的比喩出現。

門徒前來問耶穌，對衆人講話，爲什麼用比喩呢（馬太福音十三・一～三五）。耶穌回答說，因爲天國的奥秘，只叫你們知道，不叫他們知道。又舉例比喩說：

有位農夫出去撒種，撒的時候，有落在路旁的，飛鳥來喫盡了。有落在土淺石頭地上的，土旣不深，發苗最快，日頭出來一曬，因爲沒有根，就枯乾了。有落在荊棘裡的，荊棘長起來，把他擠住了。所以你們當聽這撒種的比喩「凡聽見天國道理不明白的，邪惡者就來，把所撒在他心裡的，奪了去」。

不僅法華經如此，在聖經也同樣有比喩，所以要眞正理解。

天外　原來如此。

宗教界的東西交流愈來愈進展

松原　目前已設有佛敎傳道協會，其設立的提案者是出生淨土眞宗寺的工程師沼田惠範。由於他的提案，在全世界的大飯店裡，推行擺置翻譯成各國語言的經典活動。目前已有三十五個國家普及。距今約十五、六年前，派遣至歐洲各國的使節，我被任命爲該團體的團長時，至梵帝岡訪問表達敬意。

參觀收集各種紀念品的博物館中之展示物，看見有懸掛佛教僧侶的肖像。雖看見著黑衣的僧侶像，但未落款，故全然不知是誰。

正要離開時，巧遇住長崎的神父尻枝先生，他是梵帝岡大學的教授，指導佛教講座。由於如此，我請教他該肖像是誰。據說是中國善導大師的圖像。

善導大師是集中國淨土宗大成的偉大佛教者。

當時也談論尻枝神父指導的佛教講座問題，據說以歎異抄、及有關禪方面的「十牛圖」爲基本教材。該十牛圖是描繪從迷惑到「開悟」的經過。

由於使用圖畫表示，外國人易於了解，故以此爲講授的課本。

之後，東西方的思想交流，由此向西方展開，指導西方神父念佛或坐禪。或由東方的禪宗僧侶到西方向神父祈禱，彼此交流。

十牛圖——「開悟」後，再次返本還源

天外　十牛圖，我也曾見過，是表示修行各步驟的圖表嗎？

松原　是的。

天外　其第六幅圖爲騎牛吹笛的景象（參照一六七頁）。很快樂與宇宙成一體，「他界」與「今世」也成一體，而高高興興地吹著笛。自己也不要太急躁，緊隨著牛前進，自然到達目的。依我們的解釋，正表示腦內麻醉物質出現的階段。目前，被稱爲新科學家們，正盛行各種冥想。

那些人，將第六圖騎牛吹笛的景象，視爲大體上已達究竟的姿態，即達到最高峰。然而，在禪宗方面其後還有三、四個步驟……。

松原　還要再轉回頭。

天外　牛會失去行蹤，人也行蹤不明，這描繪太有趣了。其實，我也認爲騎牛吹笛是最終目的。

松原　將人的本心喩爲牛，而牧牛的孩子去抓牛。不久抓到後，就騎在牛背上回家。如您所說，非騎牛回家即可，以後還要更努力。

天外　其實，透過冥想修行，容易達到騎牛、吹笛的境界，但之後的步驟，我們還不能領悟。

松原　之後的才是眞正佛教的內涵。認爲已經開悟是錯誤的概念，必須再次回轉淨

十牛圖㈠

1 尋 牛

2 見 跡

3 見 牛

4 得 牛

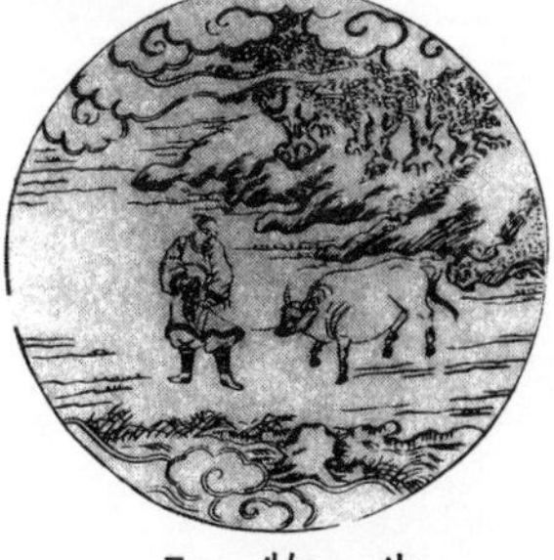

5 牧 牛

化煩惱，這是屬於後半部。

雖然佛像不能明確表達象徵意義，但仔細觀察，阿彌陀佛站立的姿態，是有心人雕刻而成，所以多半常見的是右足稍微往前踩之姿態，並非雙足同一位置站立。右足稍向前跨，喻爲拯救世人而踏出。

這屬於十牛圖的後半。

天外　原來有此含義。

松原　從山下登上山頂上象徵開悟境地，但並非就此結束，必須再往下走。往下走屬於後半，即十牛圖的後半。最後是與村人一起跳舞。

天外　有時在此當中人與牛俱失。

松原　途中，變成圓相，無任何一物。

天外　最後有位長者與年輕人……。

松原　與村人一起生活。

天外　表示只有自己快樂是不可以，仍須還入娑婆。

松原　如果沒有再走回來，就成自殺隊。

十牛圖(二)

6　歸牛歸家

7　忘牛存人

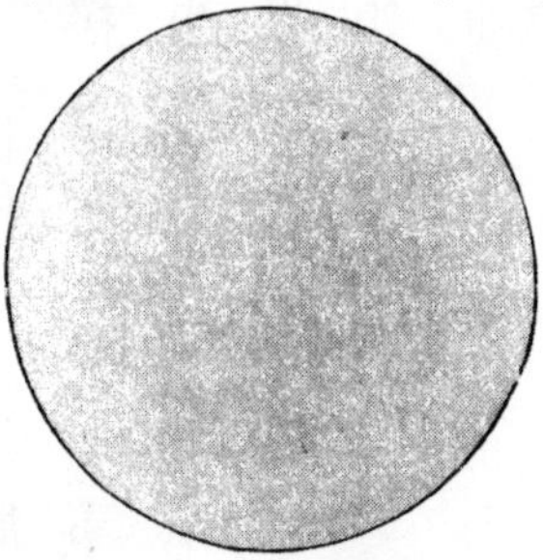

8　人牛俱忘

9　返本還源

10　入鄽垂手

促進宗教與科學結合

天外 今日，我獲益良多。但經典的確實內容奧秘難懂，僅是般若心經一種，就解釋不完、閱讀不盡。

松原 的確解釋不完、閱讀不盡。

天外 當我尚不了解佛教時，由新科學與科學層面切入而令人訝異。但與此相反，了解佛教，知道最新科學愈來愈接近佛教或宗教之事實，可能會更驚訝。因此，我們科學家們應將此事實積極的傳達與宗教界。由於如此，佛教與科學之間的代溝就能逐漸彌補，同時這也是科學家們應盡的義務。

宗教與科學能眞正結合，則如先生您剛才所說可得到「共生」，衆生也可眞正活得好，死得很安詳。

今日，承蒙您百忙中抽空與我交談，至表感謝。

松原 哪裡哪裡，應由我向您致謝才對。

第四章

二十一世紀的宗教及其應有的姿態

——思考與持續敵對、反目的科學融合

1．熱病

「衆多的優秀年輕科學家，爲何傾倒麻原彰晃等人。」

我經常受到此質問。但要仔細說明太麻煩，因此，我都以下則笑話說明。

「那是一種熱病。病名是彰晃熱（與猩紅熱同音）……」

……坦白說，對人類而言，這問題太深奧了，不能以玩笑態度輕率對應……。

對多數人而言，以腦中所具有的常識，對「近代科學」與印象，完全未脫離「牛頓力學」的範疇。包括新聞從業者、評論家，乃至大學教授的發言中，都屬於此例。

自一九三〇年代發展的基子物理學的「量子力學」，所進行的議論已超越普通的常識。

一個基子，能同時通過牆上複數的孔穴，是目前理工系的學生都學習過的事實。有時基子，好像彼此以傳心術互相交流般互生，但愛因斯坦曾想依稱爲「ＥＰＲ反論」的思考實驗否定「量子力學」，成爲有名的爭論。

其爭論持續將近十年，結果是愛因斯坦輸了。

同時，也發現依過去的物理學，觀測者以獨立存在思考物理現象的模式，在基子世界行不通，必須將物理現象與觀測者視爲一體不可分的系統。

這問題也以「觀察者問題」之名，造成許多議論，同時也出現「本來並無基子存在，只是在觀測瞬間出現」的物理學之假設，同時也受到熱烈的辯論。

「基子的物理學」更發展，發現「浦朗克，標度＝十的負三三乘方公分」以下的尺寸、時間、空間都無定義。因此，「點」的概念不能使用，所以微積分等的數學被否定。

科學發展的狀況，已脫離我們一直確信的「牛頓力學」常識太遙遠了。

但，提倡「量子力學」的波爾、海森堡、休雷丁格等，追究最近的物理學理論，驚訝發現愈來愈接近從前東方聖賢者所說的教導。

波爾晚年研究中國的『易經』他的墓碑因使用『易經』的「太極圖」（陰陽的象徵）徽章而聞名。

海森堡則學習印度著名詩人泰戈爾的「印度哲學」。他說，其內容對「量子力學」的完成，有很大的參考作用。

休雷丁格在他的著作中敘述，他的「波動方程式」成爲「量子力學」基礎，是依印度教經典『吠陀』的諸原理而來。

這些諾貝爾得獎的科學家，並非依過去「牛頓力學」的宇宙觀，而是在宗教的宇宙觀中發現科學的眞髓。

一九七〇年代，著名的理論物理學家大衛·波姆，大腦生理學家的布里·布朗等，獨自提倡「雷射攝影宇宙模式」。雖然，未必完全被學術所接受，但可解釋佛教「空」的思想的理論根據。

> ——過去的科學，與宗教所主張人類精神性諸層面不相同。至二十一世紀，科學與精神（靈性）可能合一——
>
> （布里布朗）

從中世紀邁入近代時，人類選擇「科學性合理主義」做爲社會的規範，容後再詳述。至此，即將「宗教性神秘主義」概念急速轉變。

這轉變太急速又唐突，人們對科學無法說明的現象，拚命否定，又壓抑、掩蓋，不讓世人看見實相。

但最先想掀起壺蓋的並非宗教家，而是進行最先端研究的科學家們。他們以宗教爲參考，架構新科學領域。經過數十年，一般人中也出現不受「牛頓力學」的古板科學信仰所拘束，而且發現壺蓋被掀開的人愈來愈多。

因此，過去禁忌的「超能力」「氣」「靈界」之話題，又蔚爲熱潮。因此，敏感反應此新風格，多屬年輕科學家們，也就不足爲怪。其實，並無所謂猩紅熱或奥姆熱，僅是由於他們單純又敏感。

……但爲何又發展成這般的悲劇？……

以下項目，對其要因與背景，陳述我個人的見解。

2．狩獵女巫歷經三百年……

當宗教極度發展，而與政治權力結合，或聖職者成特權階級時，必然會腐敗的宿命終於發生了。

……人類是哀傷的生物嗎？中世紀的日本佛教雖也腐敗，但歐洲的基督教其程度更嚴重。

爲對抗此腐敗現象，十二世紀初以南法國爲中心，所引發的一連串宗教改革運動，被羅馬教廷費時二十年才以武力鎮壓平息。其後，爲更徹底的彈壓「異端」，羅馬教廷，設置了異端審問所、拷問、火刑的「殘虐三種」。

一旦被告發爲「異端」，持續遭受激烈拷問，直至自白依順審問所要求，最後被宣判爲「惡魔的爪牙」，在公衆面前處以火刑。

一四三一年，解救法國的英雄，聖女貞德以「女巫」罪名被處以火刑。

至十六世紀，馬丁・路德與加爾文，以清教徒派揭起宗教改革旗幟，同時與羅馬教廷展開血腥的宗教戰爭、兩陣營不斷使用拷問與火刑，將敵方的有力者以「女巫、巫師」之罪名虐殺。

不僅如此，在天主教中的會派之爭，也亂用此手段。允許人民任意告發，因此，一般市民間也用於抹殺憎恨的對象，據說犧牲者衆多。

由於設有拷問的手段，任何人皆可告發，以合法化的神之名加以抹殺。

……與今日奧姆教同樣殘虐無道的行爲，在歐洲全區持續發生六百年間。本來的宗教，都有包含如此之危險性嗎？……

愛因斯坦、牛頓，於一六八七年完成「牛頓力學」以來，至一七八九年的法國革命之一百年間，可稱爲從中世紀邁向近代的轉移期。

……人們以何種思想擺脫教會的社會支配，而導入「科學化合理性」的社會規範，不能不思考黑暗的「女巫」歷史……。

人們爲何如此拚命否定一切神秘現象、玄妙主義、超能力或靈界的故事？又爲何拚命導入「科學化合理性」？其深層心理，可令人理解。

另一方面，宗教與科學之戰敗北，從社會規範的地位滑落，暴露於存續的危機中。

……牛頓以來的三百年間，其實對一切宗教而言，可謂受難的時代，因此爲與近代科學不相互矛盾，巧妙認識教義；或矮化說教才能勉強生存，爲其眞相……

基督教或佛教，不再主張「宇宙論」，修行更鬆懈，對生活的實踐面注入心力。在婚喪禮儀尋出一條活路。基督教更強調服務精神，在全世界的漢森氏痳瘋病的療養所等極有限的艱難環境下，獲得輝煌成果。

雖從社會的規範地位滑落，其勢力並不因而衰退。但已完全喪失過去的魄力，卻是不容否定之事實。

……當近代科學走近宗教，新風吹拂時，對該風敏感反應的年輕者眼光來看，認爲既存的宗教已形骸化……

其實，日本佛教對接近新趨勢的根源，有重大貢獻。前述的波姆、布里布朗，及深層心理學的創始者容格，都深受日本禪宗高僧鈴木大拙的著作重大影響。

日本佛教界應以此爲榮，但不知何故，日本佛教界對新趨勢鈍感，對「雷射攝影模式宇宙論」、「量子力學」關心的僧侶幾乎不存在。

無怪乎，年輕人傾倒於新興宗教。

3·「人格擴張」

最近生活指導型的佛教，與遠離修行的基督教，幾乎無人再談論；但瑜伽、坐禪、冥想法等精神性修行能達到某階段，人們就能體驗各種神秘現象。

其現象之一，即在幻覺中遇見神、佛、精靈、天使或古聖賢等，與之交談的體驗。

與此世界無緣的人聽聞此情形，或許全然不信，或不稀罕這種體驗。其中，經過對話而解決現實生活難題的例子也不少。有此經驗後，人們必然興高采烈。

……此時，若錯覺自己已「開悟」，就容易陷入危險狀態。……

容格將此狀態稱爲「人格擴張」。

> ——瑜伽修行有進步，且在「無意識」中的衆胚芽甦醒時，人會得到各種不可思議的體驗。避免將這體驗與自己一體化，猶如置身在人間領域外側般對應較為明智。

若予以同化，即刻產生不愉快結果。你會陷入「人格擴張」，而誤入歧途。「人格擴張」意謂輕微瘋狂、瘋狂緩和形態。如果，你燃上完全擴張狀態，就陷入精神分裂症——（容格）

曹洞宗的開祖，道元所著『正法眼藏』中，記載在坐禪中幻覺遇見菩薩或如來時，應在幻覺中持長矛予以刺殺。

佛教尚維持本來的光輝，修行也必然激烈，因此因「人格擴張」所造成的犧牲者可能為數不少。由於道元本身也了解有此體驗，因此主張預先防範。

由此可知，傳統性宗教以嚴格戒律形態，防止危險發生。同時，警告產生幻覺等狀態，距「開悟」尚遙遠，僅是初步性水準而已。

……如果沒有戒律，也沒有知識充分的狀態下，以自我方式修行，更危險……

同時，宣告自己已「開悟」的人，也是相當危險狀態。我雖不敢斷言，麻原彰晃陷入「人格擴張」的症狀，但卻深深的懷疑。

仔細思考，不僅是奧姆眞理教，一九九四年在瑞士的「太陽寺院」、及其前年的美國德州「大衛教分院」，或一九七八年南美蓋亞那的「人民寺院」事件等，有關宗教神秘主義的悲劇不勝枚舉。

不論任何場合，都有指導者被害妄想性言行的報告，與「人格擴張」關係密切。

……結果，傳統性諸宗教，忽略其本來的活力，而在「近代科學」的旗幟下，保持乖順狀態，因此得不到飽足的年輕者進行非正軌的修行方式而產生悲劇。

但現今科學，逐漸靠近宗教。期盼宗教方面能再度振作，恢復原來的活力。

4．言語的界限

> ——宇宙呈現雙重構造，我們熟知的物質性宇宙（今世）背後，尚存在一個眼睛看不見的宇宙（他界）。
> 「他界」是「今世」的一切物質、精神、時間、空間等全部摺疊，不可分離——
> （波姆）

此即前述「雷射攝影宇宙模式」的結構。如果這是眞實，「他界」並非我們死後才去之處，而是生存於此世者其活動的大部分，大都在「他界」營運。只是本人沒發覺而已。

至於在此備受矚目的是，「他界」沒有時間也沒有空間。亦即我們在「今世」的常識或理論，在「他界」一切不適用。但「言語」是由常識與理論所結合而成。

由於如此，得到如下的結論。

——「他界」的事象不能以言語記述——

其實，不須特別到「他界」去，基子世界裡言語也不適用。如前述，在牆上開一百個洞穴，由此放射一個電子，則同時可通過一百個洞穴。

由於如此，即能了解「一神教」與「多神教」的爭論多麼無聊。因爲在「他界」屬於「一」，同時也屬「多數」，一點也不相互矛盾。

不僅如此，也可解釋爲有史以來的宗教爭論、神學者或佛教學者的爭論，完全無意義，因爲言語與理論、常識都不適用時，不能爭論。

——在全世界裡，存在著衆多的宗教，乍見之下所主張的教義各異。或許，其差異是不適切記述「他界」，而牽強使用「言語」記述教義所造成——

本來同樣主張愛、佛性，救濟靈魂爲目的的宗教，只因一些教義的不同而尖銳的對立，歷史上流血不已。實則，至今仍持續流血。

教義、教典、聖經、經文之類，可喻爲登山的指南書。並非山本身。爲登上富士山，而爭論由吉田口登山，或御殿場口登山爭論，一點也無意義。可謂那只是在山麓下的人才爭論，已登至某程度的人則不會爭論。

5．科學與宗教

如布里布朗所說，如果科學開始對應精神或「他界」結果會變成如何呢？以佛教觀點，將人間的一切苦惱或疾病之因視爲「無明」，即因疏忽宇宙的眞理所造成。由於不了解「他界」，方執著「今世」之「我欲」，「我欲」不能滿足才產生痛苦的說法。

如果科學能明確化宇宙的架構或「他界」的實體，人類方能擺脫苦惱。

> ——牛頓以來的「今世的科學」，對人類物質性文明發展有所貢獻；但今後能發展「他界的科學」，可能對人類的幸福有直接貢獻——

亦即，在社會上科學的功能，無限接近宗教。此時，科學即能對宗教產生一大利點。

……宗教是閉鎖性的，但科學卻是開放性的……

科學也有「派系」之存在。如前述「EPR反論」般，長期間持續進行激烈爭論之情形，一點也不稀罕。但必然能找到共同的場及方法論。必不會如宗教般，因信念的不同，發展成互相殘殺之局勢。

其方法論之一，即依「客觀性、普遍性，又可反覆實驗驗證」。這是爲防範錯覺或獨斷的強力手段。

但在宗教裡，教祖或領導者所斷定的「結論」，意味絕對性眞理，不允許批判。只能選擇信、或不信，不信即意味脫離宗教或宗派的團體。

中世紀的歐洲，沒有加入基督教派中，其社會生活多半遭遇困難，伴隨著強烈的痛苦。

宗教性神秘主義，通常使用思想控制或強迫觀念加以束縛，有時以物理性手段限制脫離組織。

如此般，對能隨意脫離組織，領導層會進行嚴重的「裁定」狀態，這包括「狩獵女巫」或「奧姆」事例，不勝枚舉。

──二十一世紀的宗教應更自由──

6·二十一世紀的宗教條件

依以上的考察，我將二十一世紀的宗教條件，彙整如下。

(1)非排他性。
(2)不強迫信徒一切的「強迫觀念」。
(3)入會、退會自由方便。
(4)信徒的會費、捐款、布施之類控制到最小限量。
(5)不會任由專任者創設巨大組織，或豪華設施。
(6)不將現存的人物、歷史上人物視為絕對神聖（超越教祖或特權）。
(7)了解依言語、理論記述的限界。
(8)教義、修行法經常公開化（不做秘密的修行法）。同時，教義、修行法固定化，且不斷努力改善。
(9)獎勵個人朝向精神面，以自己本身發現宇宙眞理。
(10)在信徒與教團及指導者間，不成立「依靠＝被依靠」心理性之關係。
(11)不以現世利益做為最終目的。同時，不主張只限於教團的信徒方能被救（擺脫教團利己主義）。

⑿依據與科學的融合，經常謙虛驗證各自所發現的宇宙眞理。

目前，能符合這些條件的宗教，在我所知的範圍內不存在。反而，部分新人類系的集團，所進行的活動較接近。

因此，傳統宗教，若不能大刀闊斧地變革，至二十一世紀恐爲新人類的波浪所吞沒。

以下，對各項目加以解說。

⑴之「排他性」，於前已述。

傳統的宗教，布教主張「只有我們所信仰的才是眞神。其他宗教都是邪教」。的確，企業間的競爭亦如此，煽動員工對競爭公司的敵愾心，方能提高團結心，提升工作效率。可謂以人類而言，沒有比心存「共同之敵」更好的手段。過去的宗教界，多半利用此心態布教。

但衆所皆知，將人之心靈導向「開悟」，與煽動「敵愾心」，完全是背道而馳。即使依「敵愾心」布教，促進組織團結的教團，不論勢力多強大，也將脫離宗教的本質。仔細觀察教團連無商德的企業亦不及，只著重「賺錢主義」。

隨著「他界科學」愈發展，愈能明確了解，一切宗教本來都朝登上同一座山爲目標，但其登山入口不同而已。主張「自己的宗教才是正確」與獨斷的宗教，必然會喪失衆人的信賴。

如今，在佛教中如「南無會」般，超越宗教或宗派的活動已開始展開。今後，此類活動愈來愈重要。

(2)之「強迫觀念」非常重要

「如果脫離組織就會墮地獄」，或「不買這個壺，就無法擺脫惡運」，或「沒有供養祖先除厄，會遭遇倒楣」等，訴求對方的恐怖心，教團如意控制信衆，或只一味賺錢的行爲。

正信的宗教，絕對不會對信徒進行「強迫觀念」的發言。同時，正信的宗教家也不會要脅信徒。反而會指導信徒去發覺，一切的人都「完美存在」與「氣」。

所以，稍覺有「強迫」傾向，即刻退出教團比較好。不須擔心墮落地獄，反而，如果繼續留在教團，或許就會體會「今世」活地獄的感受。

(4)、(5)是，多數既存宗教常犯之錯誤

為擴張勢力，強固組織，製作豪華設施、強化權勢……然後在其中才發現，為了維持組織，需要募集更多的金錢，增加信徒數。

結果，不知不覺中，教團弘揚「教義」的目的被忽略，比重轉移為擴大勢力與提高權勢。人們的意識更清醒，而這類教團，的確開始沒落。

(6)對多半的宗教言，很難做到

有教祖才有其宗教，故有教團，才能使信徒團結。

我絲毫不否定，過去的確有佛陀或基督般的偉大人物存在。但不論他們多麼偉大，而加以「絕對視」，可能產生種種弊害。

本來他們所說的內容，無法依「言語」或「理論」記述，因此只作表面上的解釋，易曲解意思。為使自說具有權威，局部性引用教祖之言語，結果宣說錯誤的「教義」之例，歷史上常見。

還是如(7)般，避免使用言語記述教祖的言語或教典等部分的絕對視，而如(9)一般，朝向各自的內在精神層面，「直接把握宇宙的眞理」最理想。

佛陀持續說法四十九年間，但又說「一字也沒說」。表示他傳教方法，以超越言語或理論之眞理爲目的。

(8)是要求「公開性」

這是多數宗敎，尤其密敎系的佛敎或印度敎，很難接受之事。被稱爲「口傳」、「秘傳」、「灌頂」，或稱爲「釋克第帕特」、「入會式」initation等超自然的方法，從尊師向弟子嚴格傳授秘技或靈性能量，爲宗敎上的重要儀式。

的確，等到弟子的水平提高，適合進行新修行法階段才傳授，是一種理想型方式。但，爲傳授言語無法記述時，具實力的尊師之存在不可或缺。

但，對「能以言語記述之修行法一切公開化」才是應該。例如，奧運記錄，每屆都有飛躍進步，因爲同樣以肉體搏鬥，但鍛鍊方法也被考究。故修行法，也不應僅踏襲過去的方法論，而應鼓勵公開、互相切磋琢磨鑽研，必然能更快速進步發展。

如果是運動的競技，因以「獲勝」爲目的，所以採取秘密訓練法而達到更進步；但站在宗教的立場，則以提高全人類的精神水平，引導「開悟」爲目的。因此修行法公開化，使其他宗派受益亦無妨。

反之，非一般性公開化的，稱爲「秘密冥想法」達到每階段即要求莫大費用的教團或冥想教室不絕於後。但，這易造成冒充尊師的溫床。

當然如此般之精神性修行法，易造成包括「人格擴張」等各種障礙而產生危險性，由於加以公開化可能增加更多的犧牲者。爲尋求對策，充分徹底周知其危險性，鑽研預防法或治療法爲要。

同時，如現在般，其「危險性」不爲一般人所了解，才是形成衆多悲劇之原因。

至於第⑽可能造成多數既存宗教的反彈。的確，如初期的淨土宗般，社會混亂、人類精神荒廢時，指導可以依「不論如何請來求救」，而能救度多數的人。

但一直寄託他度，自己本身並不能恢復力量。並非朝向內在精神面，發現自己自身中的「佛性」，只期待教團或教祖、指導者，給與「他度」而已。

至於教團方面，也利用信徒的依賴心，施與精神控制，隨意掌控之例常見。

……不要依賴自己外側所存在的人物、物體或團體的他度，而能朝向自己自身內在層面自度，才是宗教的本質……

我並非否定淨土宗的作風。

不要寄託寺院或僧侶或佛像的他度，而求存在自己心中的阿彌陀如來自度，而意味方是本來應有的信仰。

⑾對宗教的本質而言，極重要。多半現有的宗教，是以追求現世利益爲賣點。例如，某人加入信仰後，生意興隆賺大錢，或久病痊癒，或困難得以解決之例，一一列舉，勸誘人加入信仰。

或謂，說服對方信仰我們的神會受到何保而不會遭到災害，例如，阪神大地震時，只有我們的信衆受害較輕等，許多教團如此宣傳。

宗教信仰，會使精神安定，即使身邊發生同樣事象，比以前更能心平氣和的接受，冷靜觀察。由於如此，自己外側所發生的事情雖無兩樣，而感覺「我開運了」。

本來「命運」是相對性的感覺，事實上不外乎表示「運氣更好起來」。

不僅如此，與其精神恍惚不安定，寧可以平和心對應，事物比較能成功。故比以前，任何事都能順利達成之情形也會發生。

有時因無意識的最深層作用，反映於現實，發生稱為奇蹟的現象。精神世界的伙伴中，發生「醫師也放棄治療的癌症末期患者，奇蹟般恢復的情形」，並非稀罕特例。無論氣功法、瑜伽、食物療法、冥想教室，這實例經常發生。若說這是方法論或領導者之力量所造成，毋寧說是由於本人無意識的深度水平產生作用方得以恢復。

為了證實，屬同一教室者沒有恢復之例，反而惡化之例也不少。但這點一般不對外發表。

不依方法論之例，任何宗教團體也都曾發生。

這都是宗教團體所使用的宣傳文句，多半場合都有些誇大其詞，但也非謊言。

……但，其實這也是大問題點……

其一是，如前述「運氣好轉」，或「發生奇蹟」之原因，是「自己的」精神平和，或「自己的」無意識深層水平產生作用。

或許信仰該教團，才成為一種契機，但非教祖的法力、或教團的魔術方得到利益，亦非布施或守身符所帶來。

這點如果誤解，就會過於依賴教祖或教團（項目10），且忽略朝向自己自身內側的精神層面（項目9）。

另一個問題點是與「我欲」的對決。

任何人，都祈盼富有、住豪華宅第、名望，諸如此類的「我欲」很多。反過來說，「我欲」是開拓積極人生的原動力。

社會、企業等組織體，採取追求各人「我欲」的能量，活用這種全體推進力引擎的體制。

人類，長久以來依此體制營運社會，多半的人對此沒有抱持任何疑問。

宗教主張「現世利益」，強調以追求各自的「我欲」為重點而布教，或我們神社佛閣、教會，雙手合十膜拜，祈求「我欲」的達成，被視為理所當然之現象。

……但，仔細思考，這犯了很大錯誤……

佛教主張將「我欲」視為煩惱，人類的一切痛苦之源泉。同時認為追求「我欲」是無限際，所以如果只朝此方向追求，經常不能滿足，反而發生更多的苦惱。

既然如此，推銷強調「現世利益」的宗教團體，不僅無法救度信徒的靈魂，反而助長苦厄的源泉。

思考在「他界」，我、你一切都成為一體時，就能在理論上理解，自己在「今世」

所追求的利益，認爲自己的宗教團體之信徒才被救度，是多麼膚淺的想法。

但能由衷理解此道理，確實不簡單……。我們都是煩惱的化身。

「廣度衆生」是大乘佛教的思想，這原點即在此。

至於，最後的⑿，要求有關科學與宗教的融合。

如前述般，修行的比較初期階段，會受神、佛的啓示。如果在現實生活有助益，易產生自己已達到接受創造主資訊的水準。

但仔細思考就了解，眞正的啓示是以「言語以外的模式」傳遞。經過「腦」而翻譯爲言語。

亦即，在修行途中尚殘存「自我」時，翻釋時透過「自我」的自濾鏡呈現。故在無關緊要的場合，逐一作正確翻譯，但遇重要事項時，或關鍵時刻，突然間遭受「自我」阻擋，翻譯易造成錯誤。

……因此接受「神或佛的啓示」，不要盲信，必須做充分的「驗證」……

不論如何，二十一世紀是科學與宗教融合之時機，我認爲彼此手牽手一起爲人類幸福而貢獻。

第五章

從「EGOH」轉為「EVAH」

——從競爭對立轉變成協調、愛、互惠的世界

◆與船井幸雄先生的對談

從EGOH（自我）轉爲EVAH

天外　我想請教您，最近船井先生在著作和演講中所主張，有關『從EGOH發展爲EVAH』），做些說明。

船井　我認爲人類之存在，也需要從未來的層面思考。不要以過去的方向思考，也要思考未來。此外，未來的資訊應從何處聽聞成爲問題。

天外　解讀阿迦奢記錄。

船井　能解讀的人很多。以我的主張，雖然有多人可解讀，但要找尋無謬誤又判斷正確的數人，並非樂觀之想法。

天外　正確與否，如何確認？

了解未來資訊者，所言多半相同

船井　聽一聽了解未來資訊者，他們所言多半相同。例如，地球開始改變。地球自體已開始提高能成爲更高一級的星球，所發出的意識波動愈來愈增強。

其最易了解之例，是我曾詢問足立育朗先生『波動的法則』作者）：「何謂地球轉變？」他說地球的意識波動提高至某程度，地球自體的意識波動與周邊的空間意識波動不能一致。因此，無法只存在該空間。

依足立先生之言，從西曆何年何月何日起，至何月何日之間，約八個月的期間，其間地球會朝向地球周邊波動能一致的地區進行時空間移動。我請教何謂時空間移動？他回答：先要回復夸克（構成質子、中子等之基子）。與ＵＦＯ相同原理。

一旦回復夸克，在夸克之海的宇宙中，乘夸克波漂向目的地，然後再重現為地球。依足立育朗先生所言，從現在之位置朝向銀河的中心移動，距離三萬三千光年之地。

■船井幸雄先生簡歷■

一九三三年出生於大阪，畢業於京都大學農林經濟學科。曾任產業心理研究所、日本管理協會理事等職，然後設立日本行銷中心——（現在的船井綜合研究所）。擔任擁有二百數十名經營專家之日本最大級經營顧問公司的會長。受聘當四百多家公司的顧問公司之顧問。含蓋流通業或資訊相關業界、銀行、證券等金融機關，稱為「經營指導之神」獲得絕對信賴。著有『人生五多之書』、『船井幸雄的人類研究』（正、續、完結篇）、『船井幸雄的實踐經營道場』『未來之啓示』等，多數作品。

天外　何年何月之事？

船井　數年間就會發生。我已聽說其日期，但在此不能說。

天外　二十一世紀之前嗎？

船井　迎接二十一世紀前後，會移動到該地。在那時存在地球上的全部回復夸克。移動至目的地後再重現。但據說在那場合，不能適合周邊空間新地球的意識水平、波動水平，全部不能重現。這情形你了解嗎？即以夸克狀態回歸於無。據說椅子與桌子等無生物不再重現。結果會變成如何？雖然足立先生未清楚表達，但他說其時期已接近，而其結果，被重現之社會，並非如現在般EGOH的社會，而是「EVAH」的社會。

依他之意見，所謂EGOH的社會，是認爲自己最重要，只重視競爭與對立所建立的社會。有此想法的人，當地球進行時空間移動時成爲夸克，移動後就不再生存。但能將自他視爲相同體，以協調、愛、互惠生存的波動水平者，才能再生。

天外　何謂「EVAH」？

船井　他說的是宇宙語。

天外　何謂宇宙語？

船井　以頻道將資訊傳送給他的人，用羅馬字拚音告訴他。只以英文字母教導EV

AH。非注音符號，以羅馬拚音傳訊。現在的地球社會是屬EGOH性質。

能擁有自他相同，總之具有他人、自己一體想法的人，或認爲愛、互惠比任何事重要的人，所建立的社會即EVAH。地球自體開始轉變，爲EVAH型的人所居住之星球，已開始變化。現今意識水平強烈的人，所想的都逐一被實現。我有這種感覺。

依我的常識思考，還是成爲EVAH較好，因此我也寫了一本『從EGOH轉爲EVAH』的書。

社會或企業系統本身都是依EGOH建立

天外 以此角度思考，現今社會的結構，極爲自私。徹底的依競爭、對立的原理爲基礎而建立的社會。

例如，在公司中也是擁有多數低次元想法的情況，而仔細思考爲何有如此低次元的構想?發現公司的系統本身就是如此。

總之，認爲只要一生拚命工作。然後得到成果提高薪資，地位也能提升，這即是社會根源的系統。因此，依此系統一生拚命，不輸他人拚死競爭，在此狀況下，絕對無法避免低次元構想的存在。

以此角度觀察公司的內部，發現公司的外界亦相同，自從亞當史密斯的『國富論』以來，大家都追求自己的利益一生拚命賺錢，「個人拚命努力奮鬥，公司也爲自身的繁榮而努力奮鬥。努力將其他公司排斥。由於如此，國家也能興盛」，成爲當今社會的基本架構。

但以佛敎概念言，這一切全部是煩惱，由此可說現今的社會系統是以煩惱而建立的社會，以佛敎的觀點言，這才是人類痛苦的根源。刻意將社會的根基建立在人類痛苦的源泉上。

有關此問題，宗敎家們的主張都與船井先生相同。「從ＥＧＯＨ轉爲ＥＶＡＨ」是新的言語，但宗敎家的表現不同。與反主流文化所言全部相同。

例如，武者小路實篤所寫的『新村』，也是相同的說法。但最不可思議的是，過去極爲成功發達的系統都是以「ＥＧＯＨ」爲根據，社會的系統也是依「ＥＧＯＨ」爲根據的組織。

否定「ＥＧＯＨ」的系統或組織營運，全部失敗。

所謂反主流文化，究竟始於何時？依調查發現並非六〇年代嬉皮族之概念，而於前世紀已開始。

『新世代』雜誌發行於十九世紀。其意是在西洋占星術從雙魚座轉變爲水瓶座的時期稱爲新世代。至於新世代所提之口號，是從「ＥＧＯＨ」轉變爲「ＥＶＡＨ」。

神智學與各種活動結合，而發生各式各樣事件。嬉皮族的運動亦如此，已經持續活躍一百年。

雖以各種口號作爲宣傳文句，其所建立的迷信宗教、或建立生活共同體、封閉團體等，都全部崩潰。爲何瓦解？如之前的奧姆眞理教，結局多半因「ＥＧＯＨ」而崩潰。因煩惱而瓦解消失。這可能是人類的本性，建立了否定「ＥＧＯＨ」社會、或封閉團體，多是因「ＥＧＯＨ」而崩潰。

以此觀點看，共產主義本身之主張並不壞，但基本上人類都依愛、互惠生活，那可能是理想的系統。

但在其中發生ＥＧＯＨ，然後就瓦解了。

今日所存的資本主義社會，可說是最重視ＥＧＯＨ系統。因此，其以外都無成功之例，此即今日人類的歷史。

封閉也無妨，但爲何找不到以ＥＶＡＨ爲主體的社會之成功例子。

以EVAH原理生活的人亦存在

船井 我覺得不可能不存在。最近，在美國暢銷之書『突變體的音訊』，已被譯爲日文出版。

一位美國女性馬洛·摩根要到澳洲，被半強制性的與澳洲原住民，奧大利的土著居民一起生活四個月。

原住民們完全過著EVAH型的生活。同時，視力全都在七·〇以上，完全都依意念交談，好像擁有傳心術。所以文明人所說的全部聽得懂，有關未來的記憶也全存在。

總之，我們喪失了人類人人都具有的偉大能力，主因是受現代文化與文明之毒，所以現代文明人才是突變體，書名題意是爲傳達這訊息。

我讀這本書，並不覺得作者在說謊。因此，我覺得奧大利土著居民的形態，才是人類本來的形態。但遭文明、文化之毒，隨人口增加而開始從事農耕，接著邁入工業化，然後急速轉變人間的現象，這是我個人的意見。

天外 的確依該書記載，一想到用餐，立即呈現用餐狀況。意念必然會實現。

閱讀當時，我以爲他們都爲自己的EGOH而祈願，但發覺他們都了解祈願的方式，進餐時祈願，假如我用餐最好，同時對一切生命都有益，請給我用餐。亦即，經常意念祈願宇宙的調和。

並非依「EGOH」而以「EVAH」的原理爲基礎，所以非常了不起。表示他們具有很高理解力。

閱讀研究土著居民西洋文化人類學家的書，據說他們並未將做夢時的「夢境」與「現實生活」區別。同時，過去與未來之間亦無區別。亦即，他們的集合性無意識與現實密切連接。

船井　太了不起了。的確，這是人類本來的形態。

天外　新古代的人們之生活模式亦如此。我於一九九五年十一月十一日，至鎌倉的建長寺演講，主辦者是位女性，同時也是新古代的人。

事前進行溝通時，她說：「天外先生，您強烈的意念演講時，希望能播放音樂。現在，就等待合適的人來。」

這是演講前一個月左右的事。我覺得她這樣的態度可靠嗎？坦白說有些擔心。但之後，她與偉大的名笛手橫澤和也一起出席在一旁演奏。表示在日本，也有與奧大利土著居民同樣想法的人存在。

觀看新古代的人們，好像並沒有經過複雜又嚴厲的修行，卻很快就能與「他界」結合一起。與過去相比，已經有準備好場，所以愈來愈輕易連接。

船井　我也如此覺得。

天外　往昔，未經歷艱難生死之修行不能連接。反之，現代的僧侶全然不能連接的很多。以此角度看，不知何故，音訊能直降臨與新古代的人們連接之例很多。

他們究竟做了什麼？其實只是簡單的冥想而已。

船井　事實上如此也不錯。依我的直覺，從「天理」的本來眞正原理的時代，轉化爲地理激烈受制約原理的跋扈時代，長年累月存在於地球上。這是由那些理由所形成？現前是個較異質的時代，但依我個人的見解，再等待數年又能恢復原來的時期。也許不會有如此之變化，但若無轉變之場合，以現代科學技術水平，持續進行EGOH的想法，則人類會趨向滅亡。

能到達新科學技術水平就另當別論。但如今人類已脫離本來的生活模式。如果能發覺本來的生活模式，自然就能了解其道理，我們就能建立EVAH的時代。

天外　從這角度看，以前述之例再說明，則奧大利土著居民是其中之一，紐西蘭的原住民毛利族亦如此。還有美國印第安人，雖然目前的狀況已改變，但被白人滅亡前的生活亦相同。所以，本來人類的生活生態都如此。

反之，由於近代文明而轉變。

船井　以微觀觀點看，人類約一萬年前開始農耕，三百年左右前開始工業化，才是很大的錯誤。依據環境廳所發現的生物種絕滅速度，即能說明。

一萬年前的絕滅種是年間的〇．〇〇一品種，但一千年前變成〇．一品種，至一百年前增爲〇．二五品種，六十年前一品種、二十年前一千品種，五年前一萬品種，現今年年絕滅四萬品種生物。也許再經十年有四十萬品種死亡。

依推定，僅是日本國內，就佔一七％左右，更正確的說生物種類的一六．八％會滅絕。二百萬種的一六點多％有多少呢？其實這也是工業化所造成的問題。以結果而言，人類從農耕轉爲工業化是錯誤的。

但最近發現連，雜草也全部生存的農耕法。雜草也能全部維持原來狀態的農耕法對農作物有益。

這是由前田九二四等人所開發的農耕法，如今已成熱門話題。

我對農業有關的技術作詳細的了解，所以相關資訊很多，同時看見最近發現的新農法，令我感覺已出現很多，回復到工業化之前的農耕本物技術。

但以微觀觀點而言，我們的社會發展至今是錯誤的，此是不容置疑之事實。現在是屬於地之理，但今後應回復爲天之理以直覺力思考，如足立育朗先生般，主張地球時空間移動至遠方的人生出現。

其實，未產生如此之想法，固執EGOH的人已無前途可言（笑聲）。

天外 從文明開始至今約數千年間，在文明的世界裡，大家都大聲呼籲應從「EGOH」轉爲「EVAH」，但卻很難如願以償。

船井 確實無法轉變。因此，如足立先生所說，地球半強制性依自己所決定轉變爲EVAH的星球，所以居住其上者，若不改變爲EVAH即無法生存。此是當然之理。

由於如此，令人感覺此乃唯一能轉變爲EVAH的手法，因此覺得足立育朗先生所說是正確的想法。然而，我再聽其他了解未來的人所主張的都相同，而我也寫了一本書。的確是很有趣的想法。

但其實也不要過於擔憂。當需要時會出現所需要的。

宇宙語之謎

天外 您剛才所說宇宙語是什麼？

船井　我也不知道是什麼。例如，在此之前所介紹鍛鍊氣功的朝日舞先生，以我們無法理解的言語透過頻道傳遞，這可能就是宇宙語。我請ＳＯＮＹ特異功能研究室的佐古先生解析，結果發現其言語很美，聲紋及其他也很美。佐古先生說，或許那就是姆大陸或亞特蘭地斯之言語。

天外　前些日子，我至建長寺演講所發生的事，當時來了二位與他界聯繫的媒介者，在建長寺的庭院進行通訊，他們通訊的言語與朝日先生相同，所以聽不懂說什麼（笑聲）。

船井　遇到那場面，會覺得自己是惡人，做惡者是自己（笑聲）。依自己爲人的觀點，心中可能認爲自己有罪，而一面聆聽。

天外　我想以「今世」與「他界」的形態掌握宇宙的構造。結果，在「他界」一切合爲一體，所以那正是ＥＶＡＨ的世界。

因此，「從ＥＧＯＨ轉爲ＥＶＡＨ」這句話，以我的言語翻譯，可解釋爲從「以今世爲焦點」，轉變爲「以他界爲焦點」。

由於如此，「他界」可能有「他界」的言語存在，不能以「今世」的言語記述「他界」，「他界」也有言語存在。其例，雖然遭到污染，但「奧姆」與「嗡」，從某種角度看，在世界的領域裡仍殘存奇妙的言語。

例如，「aqua」表示水的言語，在日本稱爲閼伽，全世界共同的表現法。這些是否即爲「他界」言語的痕跡？如果EVAH也是「今世」某地區所殘留言語的痕跡，就更有趣了。

船井 很有趣。足立先生所了解的言語，我也曾研究。不知如何發音才好，但含有「COSAL體」等概念。

天外 這是神智學嗎？

船井 聽說稱爲「克薩爾體」（cosin）。單純地說，人的腦是爬蟲類的腦乘上哺乳類的腦，其上方的人也有靈長類的腦。其上的肉體中，存在「HCIN體」。其上還有EHTEL體、ASTLAL體、及MENTAR體、COSAL體，至此部分與神智學相同。再其上是KECI體，最上爲「CHOAD體」。因此足立論與神智學相似。

天外 與神智學相同。

船井 很相似，但稍有差異。這點極有趣。同時，出生爲人之階段的靈魂，亦即成爲原子核的集合體，變成宇宙的一切有一二階段，其第一階段爲「GINUP」、第二階段「HRUFOZ」，第三階段又另有專有名稱。這都屬於宇宙語，與歐洲的言語相似。

他說這世界是八種波動的複合體。八種波動各有其名稱「DILEGJ波」、「CEGIN波」、「KEGOT波」、「FIEGHOK波」「GIMANEH波」「DILEKA波」，據說他都接受這些訊息。

天外 這與近代科學所說的波動相同，或全然有別呢？

船井 我不太了解，例如，依他說明CEGIN波是物質波、KEGOT波是磁氣波、DILEKA波是電磁波。其以外的GIMANEH波意味將物質或事象回復夸克波動，產生科學反應的波動為FIEGHOK波，產生能量變換的波動是DIEGJ波。

如此般，依足立先生的說明，各波動都有表示其功能性質波動之名稱。他將此情形，都詳述在『波動之法則』一書中。

天外 以足立先生之情形，說明他所接收的訊息並非以音聲表示字的發音，而是以羅馬字排列。

船井 是的。由於他使用獨特的言語說明，說話的方式有時法語、有時德語，所以我也不知道是否正確。但這句話並重不重要，靈魂即稱為「EXA PIECO」。

天外　「EXA PIECO」這句話我也聽過。

船井　他稱靈魂為「EXA PIECO」。

天外　他所說的波動，可能與近代科學所說的波動有差異。近代科學所說的波動，是能量蓄積的方法必須有二種類。

例如，說電磁波時，即有電氣能量與磁氣能量二種，此二者互相交換能量，藉以傳播波動。海波，是水的粒子速度與位置的能量互相交換之下而傳播。至於音波也有空氣粒子的速度與壓力二種能量。

必然有二種能量的狀態，互相交換能量才能產生波動。

船井　他所說的可能不屬於這種概念。

天外　電磁波應不存在，因只有磁氣不能產生波動。

船井　我不太清楚，但他所言與地球上的概念有別，而認為他所主張的才是正確。

天外　其實我也不太清楚，但總之，依原理上而言，與近代科學所稱呼的波動，在「他界」不能存在。

與「今世」不同，沒有空間也沒有時間，因此，更深入思考，有關波動的概念也會產生變化。

例如，我們發出「啊———」的聲音時，成爲音波而產生普通的波動，但在心中想到「啊———」時，是否會產生波動令人疑惑。依過去的物理學是與波動無關。但發出「啊———」聲，與心中想「啊———」，在意識的水平上是共通的，不可能無關連。以此觀點思考，這問題極爲困難，也許在我們所認爲是波動的概念以外，尚存在完全不同的波動。

船井 請與足立先生對談一番，其實他並非波動專家。他說這一切都是宇宙智慧所教導，他原是位建築師，這四、五年，他得到這資訊以來，幾乎每月都傳給我資訊。

媒介者（Channeler）某日爲何突然開始有錯誤

天外 不過，我數次經驗持續傳遞正確資訊的媒介者，某日突然間開始有錯誤的訊息，有關此點請教您的看法。

船井 那是，因我欲等意念，而使自己的意識波動產生異常。

天外 總之，是因出現EGOH之故所以才翻譯錯誤。因爲由他界傳來的資訊並非言語系，必須透過腦才能翻釋爲言語，但腦之內殘留EGOH，所以某日突然間錯誤。

這是極嚴肅的問題。尤其有關自己資訊，更容易錯誤。

船井　是的。我也不太了解自己。也經常看錯自己。他人的事不會有誤，自己的就問題百出。

天外　靈界溝通頻道、占卜及您以前所說擲筊杯，沒有小心對應，對自己有關連的重要事都會錯。因此必須依賴占卜來決定自己的方向，意味自己的靈性沒有充分開發。表示那些人仍殘留ＥＧＯＨ，殘留ＥＧＯＨ心態，必然不能正確判斷。愈重要之事愈會錯誤。這問題困難又複雜。

雖然在「他界」存有全部的資訊，但以時間性規模表達未來之事，亦即預言很困難。由於他界並無時間存在，將他界的資訊引入今世作逆正交變換，有無數種方式，但其中連時間軸都要依他界資訊解讀很困難，因此，不論多麼特殊的人才，也會發生很多錯誤。

不過，船井先生您先前所言時空間移動之日，是否有複數的資訊源存在。

船井　目前有三個來源。足立先生之外，在九州所認識的女士與奈良的女士都能提供資訊。她二人都是不可思議者，我覺得她們都是優秀的媒介者，據說她們都能獲得很多資訊。她們只要稍微放鬆身心，一發問，立即獲得資訊。

其實三人全然毫無關連，有關地球時空移動，日時資訊，與足立先生所主修內容相同。彼二人都是家庭主婦，過去全然沒有生活的苦勞，生活中只是繪畫、寫文章、照顧子女，沒有我欲。

以此角度看，聽說突然接到資訊會吃驚，同時以目前階段不可能懷有我欲的女性，所以過去她們所傳來的沒有什麼錯誤。

本來足立先生對靈界完全陌生。但據說他最初是由昴星團與仙后座的人傳遞資訊。目前可接到行星聯合與宇宙聯合本部的資訊。因此方說對手是智慧的生命體，並非地球人。起初聽不明白，但愈來愈熟練。

無論如何，我獲得邏輯性最容易理解的足立先生所傳來的訊息，非常有體系化。在現階段也已有實績呈現。

天外　聽一聽有關媒介者綾子小姐的資訊也很有趣。

船井　綾子小姐美麗又乖巧。我以漂亮又可愛、爲何說與衆不同的想法看綾子小姐，可能是錯誤的。

天外　這可能是產生煩惱之故（笑聲）。

船井　從全然不同立場之複數媒介者，所說內容都一致。同時他們連繫的場所（存在）也不同，所以可說是不可思議，但的確存在。

天外　這情形常發生，多數的媒介者也會說當日會發生的事，但猜錯者也很多。所以不能一概而論。

船井　有關此問題，足立先生的說明彷彿很有道理。因媒介者的爲人，波動的水平、溝通訊息的來源有異。因此，比自己的水平更高的教導不能存在。但他也認爲，能獲得眞正宇宙中心的資訊者，波動水平低的人是不可能。

無論如何，我預感地球將產生很大變化。

天外　其實，能獲得ＥＶＡＨ這句新言語，就極難能可貴。過去，容格心理學的ＥＧＯ，是使用ＳＥＬＦ言語解釋。在此場合的ＥＧＯＨ，即我們所說的「自我」。至於ＳＥＬＦ解釋爲「自己」。但這極複雜，非輕易能了解。其實ＳＥＬＦ之概念，意味容格所主張集合性無意識，接近神的概念。亦即佛教所說「佛性」。當容格說明「自己」時，大家都很難理解其概念。現在有關集合性無意識，因容格派已做各種解說，所以能了解者不少，但在五十年前無人聽得懂。

有人質問容格時，他答「ＳＥＬＦ是AII・OF・YOU。將你的全部綜合稱爲ＳＥ

LF（自己）」，我覺得這說法含義深奧。

用另一句話說，即EVAH。

船井　我覺得EVAH這言語很有道理，所以不再另譯。

網際網路的方向性，從EVAH轉向EGOH

天外　從EGOH轉EVAH，是今日談論的主題，但最近發現逆現象，也有從EVAH轉爲EGOH的傾向。

由於最近網際網路普及化，本來個人電腦產業，網際網路，都是由反主流文化所產生。因此，以前創造蘋果牌電腦的史蒂芬·喬布斯·渥茲尼克，到印度去學習冥想。

亦即，爲對應由上而下管理主架構的社會或組織的模式，才使個人電腦得以發展。不受社會的架構所拘之立場，本來電腦是以反主流文化的形態而發達。

其流程被稱爲UNIX操作系統繼承，而在UNIX上形成網際網路而發達，本來網際網路的成立，是極具反主流文化性。

因此，例如完成軟體時必然會免費分贈的習慣。認爲依自己創作的軟體賺錢太過分了。而認爲「爲使大家擁有共同使用的工具才製作」的想法。

例如，史脫曼等是極負天才的程式工程師，UNIX多半的工程師，現在經常使用他的軟體。一般軟體主張智慧財產權稱爲copyrigh，但他稱Copyreft剝奪權，放棄智慧財產權。所以任何人都可自由免費使用，亦可加以改造。改造後，也應免費分配給他人，稱爲Copyreft權。執著於智慧財產權而加以主張，人類的想法太奇怪了。

爲令所創作的軟體大家都能使用，都可改良，因此連根源程式碼也公開。其實，他若銷售自己的軟體已成爲億萬富翁，但他以贈送方式來開發，同時其成果全部免費贈送分配。他彷彿寄生蟲般居住在MIT（麻州理工科大學）的AI（人工智慧）的電梯間管理室裡。

本來網際網路屬於電腦世界，也是EVAH性質的世界。

因此，如果有疑惑在網路上詢問，大家都予與親切的教導。是互助的精神極發達之社會（共同體）。

同時，在這三年左右急劇的發展擴大，因此與不屬於該世界的人開始產生戰爭。

例如，去年美國連線上與網際網路連接時，所謂資本主義般化身的業界，即開始參與準備利用網際網路賺錢。

由於如此，從某種角度看，反主流文化的人們心胸較偏狹，與自己文化不同立即激烈攻擊。因而產生激烈戰爭，但依目前看，基本上反主流文化的網際網路朝向滅亡趨勢，而被一般的資本理論所吞滅。

另一種例子是，本來蘋果牌電腦存在著反主流文化，但被IBM－PC及微軟等資本主義化身般的世界所吞噬。這只是一種局部性而已……。

船井 彷彿做最後的掙扎。

天外 從EVAH轉移爲EGOH令人遺憾的一例。

船井 必然在其過程中會遭到EGOH方面的抵抗。但我認爲網際網路只能得到普通的資訊。無法獲得未來正確的資訊。

天外 也有人傳來正確的資訊。

船井 有嗎？

天外 我曾得到幾種資訊，但已遺忘發行的home.page，報導許多有趣的資訊。但未仔細尋找也找不到……。但今後要建立EVAH性社會，最重要的並非物理性網際網路，而是人際的網際網路。

船井 我也認爲如此。我覺得二、三年後，想得到的資訊多半能獲得。自然而然……。

天外　船井先生，您已達到此境界嗎？您一想得到什麼資訊就能立即獲得。

船井　我雖也有如此想法，可能將來會更簡化而得到資訊。如前面所提九州與奈良的女性，一想到立刻就能獲得的狀態，我還需二年後才能達此境地。

但由於我頭腦的構造，想要以邏輯性了解其道理，所以無法得到，若排除此概念後就能輕易達到。

平行世界（多世界解釋）的假設

天外　我稍微更換話題，有關前面時空間移動，另有全然不同的可能性發生。在物理學方面，有稱爲parallel平行世界，亦即量子力學的「多世界解釋」之假設，以「休雷丁格的貓」之典故而聞名。

總之，以量子力學的觀點看，表示貓是否生存或死的狀況存在。在觀察的瞬間才決定，將貓關在封閉的箱中，貓的生、死在打開蓋子的瞬間才決定，但關閉時狀況如何，不得而知。

其實，「多世界解釋」即在說明不可思議問題，認爲貓生存之宇宙，與貓死亡之宇宙有區別，但雙方同時存在。由於觀察者也分爲兩方，但雙方間沒有網路對話，所以互相不了解對方。但邏輯上雙方同時存在，這儼然是物理學的假設。

因此，雖然想要進行 Teleportation 意念移動物體，但如果「多世界解釋」眞正存在，互相也不能了解。

例如，船井先生有二位，一位會意念移動物體，另一人遺留地球。彼此全然未發覺自己有分身，這情形也可能發生。

如此般的各種假設中，波姆的雷射攝影宇宙模式，比較接近我們的感覺。但也許實際上宇宙更奧妙，即使從雷射攝影宇宙爲出發點，不了解的事還會出現很多。

但過去宗教所主張的教義，依雷射攝影宇宙模式大體上即可說明。反之，與現在宗教的界限，也可從科學層面拓開，即能明確的解釋。

船井　愈來愈能了解各種有趣的事，也發生令人訝異的現象，媒介者愈來愈增加。我認爲這現象，即是地球以猛烈速度變化所造成之證據。今後會變成如何，令人期待。

天外　今日承蒙您百忙抽空對談，眞是感激不盡。

船井　不客氣，我覺得很有趣。

大展出版社有限公司　圖書目錄

地址：台北市北投區(石牌)
致遠一路二段 12 巷 1 號
郵撥：0166955～1

電話：(02)28236031
28236033
傳真：(02)28272069

・法律專欄連載・電腦編號 58

台大法學院　法律學系／策劃
法律服務社／編著

1. 別讓您的權利睡著了 1　200 元
2. 別讓您的權利睡著了 2　200 元

・秘傳占卜系列・電腦編號 14

1. 手相術　淺野八郎著　180 元
2. 人相術　淺野八郎著　180 元
3. 西洋占星術　淺野八郎著　180 元
4. 中國神奇占卜　淺野八郎著　150 元
5. 夢判斷　淺野八郎著　150 元
6. 前世、來世占卜　淺野八郎著　150 元
7. 法國式血型學　淺野八郎著　150 元
8. 靈感、符咒學　淺野八郎著　150 元
9. 紙牌占卜學　淺野八郎著　150 元
10. ESP 超能力占卜　淺野八郎著　150 元
11. 猶太數的秘術　淺野八郎著　150 元
12. 新心理測驗　淺野八郎著　160 元
13. 塔羅牌預言秘法　淺野八郎著　200 元

・趣味心理講座・電腦編號 15

1. 性格測驗① 探索男與女　淺野八郎著　140 元
2. 性格測驗② 透視人心奧秘　淺野八郎著　140 元
3. 性格測驗③ 發現陌生的自己　淺野八郎著　140 元
4. 性格測驗④ 發現你的真面目　淺野八郎著　140 元
5. 性格測驗⑤ 讓你們吃驚　淺野八郎著　140 元
6. 性格測驗⑥ 洞穿心理盲點　淺野八郎著　140 元
7. 性格測驗⑦ 探索對方心理　淺野八郎著　140 元
8. 性格測驗⑧ 由吃認識自己　淺野八郎著　160 元
9. 性格測驗⑨ 戀愛知多少　淺野八郎著　160 元
10. 性格測驗⑩ 由裝扮瞭解人心　淺野八郎著　160 元

11. 性格測驗⑪ 敲開內心玄機　淺野八郎著　140元
12. 性格測驗⑫ 透視你的未來　淺野八郎著　160元
13. 血型與你的一生　淺野八郎著　160元
14. 趣味推理遊戲　淺野八郎著　160元
15. 行為語言解析　淺野八郎著　160元

·婦幼天地· 電腦編號 16

1. 八萬人減肥成果　黃靜香譯　180元
2. 三分鐘減肥體操　楊鴻儒譯　150元
3. 窈窕淑女美髮秘訣　柯素娥譯　130元
4. 使妳更迷人　成　玉譯　130元
5. 女性的更年期　官舒妍編譯　160元
6. 胎內育兒法　李玉瓊編譯　150元
7. 早產兒袋鼠式護理　唐岱蘭譯　200元
8. 初次懷孕與生產　婦幼天地編譯組　180元
9. 初次育兒12個月　婦幼天地編譯組　180元
10. 斷乳食與幼兒食　婦幼天地編譯組　180元
11. 培養幼兒能力與性向　婦幼天地編譯組　180元
12. 培養幼兒創造力的玩具與遊戲　婦幼天地編譯組　180元
13. 幼兒的症狀與疾病　婦幼天地編譯組　180元
14. 腿部苗條健美法　婦幼天地編譯組　180元
15. 女性腰痛別忽視　婦幼天地編譯組　150元
16. 舒展身心體操術　李玉瓊編譯　130元
17. 三分鐘臉部體操　趙薇妮著　160元
18. 生動的笑容表情術　趙薇妮著　160元
19. 心曠神怡減肥法　川津祐介著　130元
20. 內衣使妳更美麗　陳玄茹譯　130元
21. 瑜伽美姿美容　黃靜香編著　180元
22. 高雅女性裝扮學　陳珮玲譯　180元
23. 蠶糞肌膚美顏法　坂梨秀子著　160元
24. 認識妳的身體　李玉瓊譯　160元
25. 產後恢復苗條體態　居理安·芙萊喬著　200元
26. 正確護髮美容法　山崎伊久江著　180元
27. 安琪拉美姿養生學　安琪拉蘭斯博瑞著　180元
28. 女體性醫學剖析　增田豐著　220元
29. 懷孕與生產剖析　岡部綾子著　180元
30. 斷奶後的健康育兒　東城百合子著　220元
31. 引出孩子幹勁的責罵藝術　多湖輝著　170元
32. 培養孩子獨立的藝術　多湖輝著　170元
33. 子宮肌瘤與卵巢囊腫　陳秀琳編著　180元
34. 下半身減肥法　納他夏·史達賓著　180元
35. 女性自然美容法　吳雅菁編著　180元
36. 再也不發胖　池園悅太郎著　170元

37. 生男生女控制術	中垣勝裕著	220 元
38. 使妳的肌膚更亮麗	楊　皓編著	170 元
39. 臉部輪廓變美	芝崎義夫著	180 元
40. 斑點、皺紋自己治療	高須克彌著	180 元
41. 面皰自己治療	伊藤雄康著	180 元
42. 隨心所欲瘦身冥想法	原久子著	180 元
43. 胎兒革命	鈴木丈織著	180 元
44. NS 磁氣平衡法塑造窈窕奇蹟	古屋和江著	180 元
45. 享瘦從腳開始	山田陽子著	180 元
46. 小改變瘦 4 公斤	宮本裕子著	180 元
47. 軟管減肥瘦身	高橋輝男著	180 元
48. 海藻精神秘美容法	劉名揚編著	180 元
49. 肌膚保養與脫毛	鈴木真理著	180 元
50. 10 天減肥 3 公斤	彤雲編輯組	180 元
51. 穿出自己的品味	西村玲子著	280 元
52. 小孩髮型設計	李芳黛譯	250 元

・青 春 天 地・電腦編號 17

1. A 血型與星座	柯素娥編譯	160 元
2. B 血型與星座	柯素娥編譯	160 元
3. O 血型與星座	柯素娥編譯	160 元
4. AB 血型與星座	柯素娥編譯	120 元
5. 青春期性教室	呂貴嵐編譯	130 元
7. 難解數學破題	宋釗宜編譯	130 元
9. 小論文寫作秘訣	林顯茂編譯	120 元
11. 中學生野外遊戲	熊谷康編著	120 元
12. 恐怖極短篇	柯素娥編譯	130 元
13. 恐怖夜話	小毛驢編譯	130 元
14. 恐怖幽默短篇	小毛驢編譯	120 元
15. 黑色幽默短篇	小毛驢編譯	120 元
16. 靈異怪談	小毛驢編譯	130 元
17. 錯覺遊戲	小毛驢編著	130 元
18. 整人遊戲	小毛驢編著	150 元
19. 有趣的超常識	柯素娥編譯	130 元
20. 哦！原來如此	林慶旺編譯	130 元
21. 趣味競賽 100 種	劉名揚編譯	120 元
22. 數學謎題入門	宋釗宜編譯	150 元
23. 數學謎題解析	宋釗宜編譯	150 元
24. 透視男女心理	林慶旺編譯	120 元
25. 少女情懷的自白	李桂蘭編譯	120 元
26. 由兄弟姊妹看命運	李玉瓊編譯	130 元
27. 趣味的科學魔術	林慶旺編譯	150 元
28. 趣味的心理實驗室	李燕玲編譯	150 元

29. 愛與性心理測驗　小毛驢編譯　130元
30. 刑案推理解謎　小毛驢編譯　180元
31. 偵探常識推理　小毛驢編譯　180元
32. 偵探常識解謎　小毛驢編譯　130元
33. 偵探推理遊戲　小毛驢編譯　130元
34. 趣味的超魔術　廖玉山編著　150元
35. 趣味的珍奇發明　柯素娥編著　150元
36. 登山用具與技巧　陳瑞菊編著　150元
37. 性的漫談　蘇燕謀編著　180元
38. 無的漫談　蘇燕謀編著　180元
39. 黑色漫談　蘇燕謀編著　180元
40. 白色漫談　蘇燕謀編著　180元

・健 康 天 地・電腦編號 18

1. 壓力的預防與治療　柯素娥編譯　130元
2. 超科學氣的魔力　柯素娥編譯　130元
3. 尿療法治病的神奇　中尾良一著　130元
4. 鐵證如山的尿療法奇蹟　廖玉山譯　120元
5. 一日斷食健康法　葉慈容編譯　150元
6. 胃部強健法　陳炳崑譯　120元
7. 癌症早期檢查法　廖松濤譯　160元
8. 老人痴呆症防止法　柯素娥編譯　130元
9. 松葉汁健康飲料　陳麗芬編譯　130元
10. 揉肚臍健康法　永井秋夫著　150元
11. 過勞死、猝死的預防　卓秀貞編譯　130元
12. 高血壓治療與飲食　藤山順豐著　180元
13. 老人看護指南　柯素娥編譯　150元
14. 美容外科淺談　楊啟宏著　150元
15. 美容外科新境界　楊啟宏著　150元
16. 鹽是天然的醫生　西英司郎著　140元
17. 年輕十歲不是夢　梁瑞麟譯　200元
18. 茶料理治百病　桑野和民著　180元
19. 綠茶治病寶典　桑野和民著　150元
20. 杜仲茶養顏減肥法　西田博著　150元
21. 蜂膠驚人療效　瀨長良三郎著　180元
22. 蜂膠治百病　瀨長良三郎著　180元
23. 醫藥與生活(一)　鄭炳全著　180元
24. 鈣長生寶典　落合敏著　180元
25. 大蒜長生寶典　木下繁太郎著　160元
26. 居家自我健康檢查　石川恭三著　160元
27. 永恆的健康人生　李秀鈴譯　200元
28. 大豆卵磷脂長生寶典　劉雪卿譯　150元
29. 芳香療法　梁艾琳譯　160元

30. 醋長生寶典	柯素娥譯	180 元
31. 從星座透視健康	席拉・吉蒂斯著	180 元
32. 愉悅自在保健學	野本二士夫著	160 元
33. 裸睡健康法	丸山淳士等著	160 元
34. 糖尿病預防與治療	藤田順豐著	180 元
35. 維他命長生寶典	菅原明子著	180 元
36. 維他命 C 新效果	鐘文訓編	150 元
37. 手、腳病理按摩	堤芳朗著	160 元
38. AIDS 瞭解與預防	彼得塔歇爾著	180 元
39. 甲殼質殼聚糖健康法	沈永嘉譯	160 元
40. 神經痛預防與治療	木下真男著	160 元
41. 室內身體鍛鍊法	陳炳崑編著	160 元
42. 吃出健康藥膳	劉大器編著	180 元
43. 自我指壓術	蘇燕謀編著	160 元
44. 紅蘿蔔汁斷食療法	李玉瓊編著	150 元
45. 洗心術健康秘法	竺翠萍編譯	170 元
46. 枇杷葉健康療法	柯素娥編譯	180 元
47. 抗衰血癒	楊啟宏著	180 元
48. 與癌搏鬥記	逸見政孝著	180 元
49. 冬蟲夏草長生寶典	高橋義博著	170 元
50. 痔瘡・大腸疾病先端療法	宮島伸宜著	180 元
51. 膠布治癒頑固慢性病	加瀨建造著	180 元
52. 芝麻神奇健康法	小林貞作著	170 元
53. 香煙能防止癡呆？	高田明和著	180 元
54. 穀菜食治癌療法	佐藤成志著	180 元
55. 貼藥健康法	松原英多著	180 元
56. 克服癌症調和道呼吸法	帶津良一著	180 元
57. B 型肝炎預防與治療	野村喜重郎著	180 元
58. 青春永駐養生導引術	早島正雄著	180 元
59. 改變呼吸法創造健康	原久子著	180 元
60. 荷爾蒙平衡養生秘訣	出村博著	180 元
61. 水美肌健康法	井戶勝富著	170 元
62. 認識食物掌握健康	廖梅珠編著	170 元
63. 痛風劇痛消除法	鈴木吉彥著	180 元
64. 酸莖菌驚人療效	上田明彥著	180 元
65. 大豆卵磷脂治現代病	神津健一著	200 元
66. 時辰療法—危險時刻凌晨 4 時	呂建強等著	180 元
67. 自然治癒力提升法	帶津良一著	180 元
68. 巧妙的氣保健法	藤平墨子著	180 元
69. 治癒 C 型肝炎	熊田博光著	180 元
70. 肝臟病預防與治療	劉名揚編著	180 元
71. 腰痛平衡療法	荒井政信著	180 元
72. 根治多汗症、狐臭	稻葉益巳著	220 元
73. 40 歲以後的骨質疏鬆症	沈永嘉譯	180 元

74. 認識中藥	松下一成著	180 元
75. 認識氣的科學	佐佐木茂美著	180 元
76. 我戰勝了癌症	安田伸著	180 元
77. 斑點是身心的危險信號	中野進著	180 元
78. 艾波拉病毒大震撼	玉川重德著	180 元
79. 重新還我黑髮	桑名隆一郎著	180 元
80. 身體節律與健康	林博史著	180 元
81. 生薑治萬病	石原結實著	180 元
82. 靈芝治百病	陳瑞東著	180 元
83. 木炭驚人的威力	大槻彰著	200 元
84. 認識活性氧	井土貴司著	180 元
85. 深海鮫治百病	廖玉山編著	180 元
86. 神奇的蜂王乳	井上丹治著	180 元
87. 卡拉 OK 健腦法	東潔著	180 元
88. 卡拉 OK 健康法	福田伴男著	180 元
89. 醫藥與生活㈡	鄭炳全著	200 元
90. 洋蔥治百病	宮尾興平著	180 元
91. 年輕 10 歲快步健康法	石塚忠雄著	180 元
92. 石榴的驚人神效	岡本順子著	180 元
93. 飲料健康法	白鳥早奈英著	180 元
94. 健康棒體操	劉名揚編譯	180 元
95. 催眠健康法	蕭京凌編著	180 元
96. 鬱金（美王）治百病	水野修一著	180 元

・實用女性學講座・電腦編號 19

1. 解讀女性內心世界	島田一男著	150 元
2. 塑造成熟的女性	島田一男著	150 元
3. 女性整體裝扮學	黃靜香編著	180 元
4. 女性應對禮儀	黃靜香編著	180 元
5. 女性婚前必修	小野十傳著	200 元
6. 徹底瞭解女人	田口二州著	180 元
7. 拆穿女性謊言 88 招	島田一男著	200 元
8. 解讀女人心	島田一男著	200 元
9. 俘獲女性絕招	志賀貢著	200 元
10. 愛情的壓力解套	中村理英子著	200 元
11. 妳是人見人愛的女孩	廖松濤編著	200 元

・校園系列・電腦編號 20

1. 讀書集中術	多湖輝著	180 元
2. 應考的訣竅	多湖輝著	150 元
3. 輕鬆讀書贏得聯考	多湖輝著	150 元

國家圖書館出版品預行編目資料

開拓未來的「他界」科學/天外伺朗著；陳蒼杰譯
——初版，——臺北市，大展，1999〔民88〕
面；21公分，——（生活廣場；5）
譯自：未來を開く「あの世」の科學
ISBN 957-557-969-0（平裝）
1.宗教與科學　2.靈修　3.心靈術　4.命運
200.16　88014634

開拓未來的「他界」科學　ISBN 957-557-969-0

原著者/天外伺朗
編譯者/陳蒼杰
發行人/蔡森明
出版者/大展出版社有限公司
總經銷/品冠文化出版社
社　址/台北市北投區（石牌）致遠一路2段12巷1號
電　話/（02）28236031・28236033
傳　真/（02）28272069
郵政劃撥/01669551〈大展〉
郵政劃撥/19346241〈品冠〉
登記證/局版臺業字第2171號
承印者/高星印刷品行
裝　訂/日新裝訂所
排版者/弘益電腦排版有限公司
初版1刷/1999年（民88年）12月

定　價/220元

●本書若有破損、缺頁敬請寄回本社更換●

大展好書 好書大展

大展好書 好書大展